CATALOGUE

DES

MONUMENTS HISTORIQUES

PARIS. — IMPRIMERIE F. DEBONS ET Cᵉ, 16, RUE DU CROISSANT

CATALOGUE

DES DESSINS, PHOTOGRAPHIES

ET MOULAGES

EXPOSÉS AU PALAIS DÉ L'INDUSTRIE

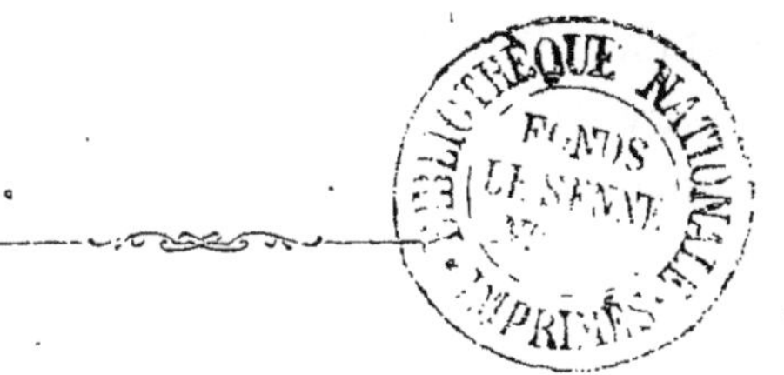

EXPOSITION DE L'UNION CENTRALE

Des Beaux-Arts appliqués à l'Industrie

1876

COMITÉ DE PATRONAGE

MM.

Le Ministre des affaires étrangères.

Le Préfet de la Seine.

Le comte d'Armaillé.

Basilewski.

Georges Berger, Professeur-suppléant à l'École nationale
des Beaux-Arts.

Baron Frédéric de Billing, Directeur au ministère des
affaires étrangères.

Bœswilwald, Inspecteur général des Monuments historiques.

Comte de Cardaillac, Directeur des bâtiments civils.

Marquis de Chennevières, Directeur des Beaux-Arts.

Delaherche, à Beauvais.

Léopold Double.

Eugène Dutuit, à Rouen.

Gérôme, Membre de l'Institut.

Lieutenant-colonel H.-O. Gould, à Londres.

Ernest Hébert, Membre de l'Institut.

Michaux, Chef de la division des Beaux-Arts à la Préfecture
de la Seine.

Eugène Millet, Architecte des Monuments historiques.

Adolphe Moreau.

P.-C. OWEN, Directeur du South Kensington Museum.

Emile PEYRE.

Alexandre PINCHART, Chef de section aux Archives du Royaume, à Bruxelles.

Baron Alphonse de ROTHSCHILD.

Baron Gustave de ROTHSCHILD.

Sir Richard WALLACE.

COMMISSION EXÉCUTIVE

MM.

DARCEL, Administrateur des Gobelins, Président.

Charles BAUDIN, Ministre plénipotentiaire.

BAUMGART, Sous-chef de bureau aux Monuments historiques.

De CHAMPEAUX.

Maurice COTTIER.

Louis COURAJOD, attaché à la conservation des Musées du Louvre.

Baron Ch. DAVILLIER.

DIETERLE, Administrateur de la manufacture nationale de Beauvais.

FULGENCE.

GASNAULT.

GERSPACH, Chef du bureau des manufactures nationales.

J.-J. GUIFFREY, Archiviste aux Archives nationales.

HÉRON DE VILLEFOSSE, attaché à la conservation des Musées du Louvre.

JOLY, Conservateur du mobilier national.

G. LAFENESTRE, Chef de bureau aux Beaux-Arts

Charles LAMBIN.

LONGNON, Archiviste aux Archives nationales, secrétaire de la Société de l'Histoire de Paris.

Lorain, Architecte de l'Union centrale.

Maillet du Boullay, Sous-Inspecteur à l'Exposition des artistes vivants.

Charles Mannheim.

Eugène Muntz, Sous-Bibliothécaire de l'École nationale des Beaux-Arts.

Récappé.

Jules de Saux, Ministre plénipotentiaire.

Spitzer.

Baron Vallières, Inspecteur général des Monuments historiques.

Viollet-le-Duc fils, Chef du bureau des Monuments historiques.

MONUMENTS HISTORIQUES

C'est en 1830 que les Chambres, s'associant au mouvement national, qui se produisit vers cette époque, reconnurent à la conservation des Monuments historiques un caractère d'intérêt public, en ouvrant pour cet objet un premier crédit de 80.000 fr. au budget de 1831. Mais, alors, l'école qui s'est formée par l'étude de l'architecture française n'existait pas encore, et le recrutement d'artistes capables de faire de bonnes restaurations allait être fort difficile.

L'organisation du nouveau service fut confiée à M. Vitet, le premier qui n'ait pas craint d'affirmer qu'il avait existé un art français bien avant Louis XIV et l'institution des académies. Nommé Inspecteur général des Monuments historiques en 1831, M. Vitet se rendit aussitôt dans les départements, autant pour signaler les édifices qui réclamaient les premiers secours, que pour arrêter dans leur élan les localités qui projetaient la démolition ou la mutilation de leurs vieux monuments. A son retour, il adressa au Ministre un rapport resté célèbre, il rédigea les premières instructions relatives au service et posa enfin les bases d'une organisation qui n'a cessé de prospérer et qui est véritablement populaire.

En 1833, lorsque M. Vitet cessa de remplir les fonc-
tions d'Inspecteur général, sans toutefois cesser de pa-
tronner l'œuvre qu'il avait commencée, il avait heureusement un successeur désigné et déjà plein d'autorité
en M. Mérimée, qui devait, pendant vingt ans, diriger
personnellement, et dans tous les détails, l'expédition
des affaires. En effet, de 1833 à 1853, qui est la période
la plus remplie de sa vie, nous voyons M. Mérimée,
non pas seulement parcourir la France en tous sens et
consigner ses observations dans des rapports qui sont
des modèles d'exposition, de style et d'analyse, mais
encore se réserver la correspondance essentielle du service, c'est-à-dire celle qui a trait aux mesures d'initia-
tive. On conçoit qu'une organisation à laquelle a pré-
sidé, pendant si longtemps, un esprit de cette valeur ait
une force et une vitalité particulières.

Le crédit voté par les Chambres fut porté à 120.000 fr.
en 1835, puis à 200.000 fr. en 1837 ; c'est en cette année
que la Commission des Monuments historiques fut ins-
tituée pour s'occuper de la répartition du crédit et
procéder à l'examen des projets de restauration sou-
mis à l'approbation du Ministre. Son premier soin fut
de réunir les documents nécessaires pour apprécier la
valeur relative des richesses monumentales de chaque
département et pouvoir opérer un premier classement
de ces richesses.

Le classement d'un édifice a des conséquences qu'il
importe de préciser. Cette mesure signale les monuments qui en sont l'objet à l'attention des administrations locales, elle entraîne, pour ces dernières, l'inter-
diction d'y exécuter *aucuns travaux* sans l'autorisation
du ministre compétent, mais l'entretien de ces édifices
demeure une charge obligatoire pour les communes ou

les départements qui les possèdent. En effet, le crédit des monuments historiques étant encore loin d'atteindre un chiffre en rapport avec les besoins auxquels il doit répondre, ne peut être considéré que comme un fonds de secours destiné à encourager les localités qui s'imposent des sacrifices pour la restauration de leurs anciens monuments. La loi de finances qui ouvre ce crédit, autorise et justifie en principe tous les actes administratifs qui touchent à la conservation d'un édifice intéressant pour l'histoire de l'art, elle leur donne un caractère d'utilité publique qui peut s'étendre jusqu'au droit d'expropriation quand il s'agit de débarrasser cet édifice de constructions de nature à compromettre son existence.

Le crédit des Monuments historiques, porté à 600.000 francs, de 1842 à 1849, fut élevé à 800.000 francs en 1848, à 870.000 francs en 1855, à 1.100.000 francs en 1859; enfin, il vient tout récemment d'être porté à 1.360.000 fr. Ce fonds annuel ayant toujours été loin de suffire aux exigences d'un service aussi surchargé, la Commission s'imposa pour règle de l'appliquer de préférence à la conservation des monuments-types qui sont l'expression la plus complète d'une école d'art ou marquent les étapes, les phases de l'architecture dans chacune de nos provinces. Sans doute elle s'est vue obligée d'entreprendre un grand nombre de restaurations partielles sous peine de laisser tomber des édifices d'une réelle valeur, mais elle consacre chaque année une part importante du crédit à quelques monuments de premier ordre dont elle poursuit, sans l'interrompre, la complète restauration. Chaque projet doit être appuyé de photographies qui constituent un procès-verbal de l'état actuel du monument et permettent à la Commission de se prononcer, en parfaite connaissance de cause, pour ou contre les restaurations proposées.

Le concours pécuniaire des administrations locales est toujours demandé, et, dans la plupart des circonstances, il est une des conditions mises à l'allocation définitive du secours que le ministre promet d'accorder. Presque toutes les communes intéressées, il faut le reconnaître, répondent à cet appel quand elles ne le devancent pas. De là résultent, entre ces dernières et l'Etat, des espèces de contrats dont l'effet est de porter la somme des fonds disponibles annuellement, pour la restauration des monuments historiques, à un chiffre presque triple de celui inscrit au Budget pour ce service, tout en laissant à l'administration supérieure la direction absolue des travaux.

Aujourd'hui, grâce à ces efforts, la France peut montrer des spécimens d'architecture de toutes les époques depuis les temps les plus reculés de son histoire jusqu'aux plus beaux jours de la Renaissance. Tous les monuments civils actuellement restaurés ont été, lorsqu'ils ne l'étaient pas déjà avant les travaux, affectés à des services publics qui garantissent leur conservation en assurant leur entretien.

Enfin le Musée des Thermes et de l'hôtel de Cluny, dont l'entretien et les acquisitions sont à la charge du crédit des Monuments historiques, s'enrichit chaque jour d'objets d'art de toute nature au choix desquels préside un directeur éclairé. Ce musée, fondé en 1843, avec l'intéressante collection du Sommerard pour point de départ, nous initie aux usages et aux mœurs de l'ancienne France et offre de précieux modèles pour l'art et pour l'industrie modernes.

Parmi les importants services déjà rendus par la

Commission des Monuments historiques, le plus grand, sans contredit, c'est d'avoir remis en honneur l'étude de l'art français et d'avoir ainsi assuré le recrutement d'artistes capables de restaurer nos vieux édifices. Ce recrutement s'opère habituellement de la manière suivante :

La Commission choisit parmi les travaux d'architecture exposés chaque année au Salon, ceux qui dénotent une étude sérieuse de l'un de nos monuments français et elle en propose l'acquisition au ministre. Les architectes, auteurs de ces travaux, sont dès lors signalés et si, comme cela arrive généralement, ils ont déjà conduit des chantiers de restauration en qualité d'inspecteurs, ils sont bientôt désignés pour diriger un travail subventionné par l'État. Cette épreuve est presque toujours décisive ; lorsque l'architecte qui l'a subie a montré qu'il possède à la fois les qualités du constructeur et de l'artiste, il est sûr d'être appelé à la direction d'entreprises importantes.

Tout architecte attaché à la Commission est plus spécialement chargé des travaux et des études concernant les monuments d'une même région. Ce mode a l'avantage, non-seulement de faire réaliser des économies de temps à l'artiste et des frais de déplacement à l'Etat, mais aussi de faire attribuer la restauration d'édifices d'un même caractère, d'une même école, aux architectes qui les ont plus particulièremeut étudiés et, partant, les connaissent le mieux.

Créer le service des Monuments historiques c'était en même temps ouvrir un champ d'application à l'étude de l'architecture française, c'était, par conséquent, favoriser l'essor d'une nouvelle école, et, cela, sans qu'il en coutât au pays l'entretien d'un personnel de professeurs. Cette jeune école, qui doit à ses travaux d'exercer une influence de plus en plus sensible sur l'architecture contemporaine, a traversé des épreuves difficiles. Représentée d'abord, seulement, par quelques individualités brillantes qui ont soulevé contre elles la colère des *classiques*, elle est aujourd'hui une petite phalange en attendant qu'elle devienne légion.

Les travaux des Monuments historiques sont particulièrement propres à former des constructeurs habiles et de bons ouvriers. Tandis que les grandes constructions d'utilité publique se font, pour la plupart, sur des plans réguliers et suivant des méthodes de construire uniformes ou qui varient peu; les restaurations, au contraire, mettent le maître et l'ouvrier aux prises avec des difficultés toujours nouvelles et les obligent de s'initier à des méthodes, à des systèmes de construction qui diffèrent essentiellement suivant qu'ils appartiennent à telle ou telle province. Ces chantiers sont autant de centres où l'on vient recruter chaque jour des hommes propres à exécuter les ouvrages qui exigent du savoir et du soin. Ils sont ouverts généralement dans de petites localités où ils apportent quelque chose de cette activité et de cette vie que les provinces reprochent parfois à la Capitale d'absorber pour elle-même.

Une surveillance continue est exercée sur les entreprises en cours d'exécution par les inspecteurs généraux des Monuments historiques, membres de la Commission, qui sont chargés de visiter les chantiers, de rendre compte de l'état des monuments et de la manière dont ils ont été réparés, et qui doivent, au besoin, se mettre en rapport avec les administrations locales pour l'examen sur place des mesures les plus propres à assurer la prompte réalisation des projets de restauration. Cette inspection est complétée par *un Contrôle*, chargé de la vérification des comptes présentés par les architectes.

Telle est l'organisation du service des Monuments historiques dans ce qu'il a de plus essentiel.

Les travaux graphiques, exécutés par les architectes attachés à ce service, ont été réunis dans les archives de la Commission et forment aujourd'hui une collection du plus haut intérêt pour l'histoire de l'art. La formation de ces archives a permis de conserver un souvenir aussi complet et aussi fidèle que possible de monuments disparus ou appelés à disparaître, par exemple, des peintures murales autrefois si nombreuses, devenues rares aujourd'hui, et d'autant plus précieuses ; des anciennes habitations (châteaux et maisons), qui, soumises à tous les caprices d'un propriétaire, sont peu à peu détruites ou mutilées ; des monuments enfin qui se trouvent dans un tel état de ruine, que leur restauration n'est pas possible. Ces dessins, dont une partie seulement est aujourd'hui exposée, sont appelés à être publiés et une première série composée de 4 volumes in-folio, comprenant 43 monographies et 237 planches, est actuellement terminée.

Pour établir un classement définitif et méthodique des Monuments historiques (la liste actuelle n'est pas définitive) il était indispensable de réunir auparavant une quantité considérable de documents formant dans leur ensemble un inventaire des richesses monumentales de la France. Ces matériaux, qui s'augmentent chaque jour, ne présenteront bientôt plus de lacunes. A l'heure actuelle, ils ne comprennent pas moins de 7000 dessins, 3000 gravures, 4500 photographies et 1200 ouvrages d'architecture anciens et modernes ; ils constituent pour l'étude de l'art en France, à toutes les époques, un fonds qui n'existe nulle part, et dont les éléments catalogués sont déposés au bureau des Monuments historiques (3, rue de Valois), où ils sont tenus journellement à la disposition de quiconque a besoin de les consulter, soit pour des restaurations, soit pour des relevés ou des recherches archéologiques.

Nous terminons en donnant la composition actuelle de la Commission des Monuments historiques.

Président : Le Ministre de l'Instruction publique et des Beaux-Arts ;

Vice-Président : M. le baron de **Soubeyran**, député.

MM. **Abadie**, architecte, inspecteur général des édifices diocésains, membre de l'Académie des Beaux-Arts.

Bailly, architecte, membre de l'Académie des Beaux-Arts.

Bœswillwald, architecte, inspecteur général des Monuments historiques.

de Boissieu, chef de la 2ᵉ division de l'administration des Cultes.

de Cardaillac, directeur des bâtiments civils, membre de l'Académie des Beaux-Arts.

de Chennevières, directeur des Beaux-Arts.

Courmont, directeur honoraire des Beaux-Arts.

Gautier, architecte, contrôleur des travaux.

de Guilhermy, conseiller référendaire à la Cour des Comptes.

MM. **Laisné**, architecte.

de Lasteyrie (Ferdinand), membre de l'Académie des Inscriptions et Belles-lettres.

de Longpérier, membre de l'Académie des Inscriptions et Belles-lettres.

Millet, architecte, inspecteur général des édifices diocésains.

Questel, architecte, membre de l'Académie des Beaux-Arts.

Quicherat, directeur de l'École des Chartes.

Ruprich-Robert, architecte.

du Sommerard, directeur du Musée de Cluny.

des Vallières, inspecteur général des Monuments historiques.

Viollet-le-Duc, architecte.

Secrétaire : M. **Viollet-le-Duc** fils, chef du bureau des Monuments historiques;

Secrétaire-adjoint : M. **Baumgart**, sous-chef du bureau des Monuments historiques.

Archiviste-bibliothécaire : M. **Demanget**.

MONUMENTS DITS CELTIQUES

---

1   ALIGNEMENTS DE CARNAC.

Les alignements de Carnac (1 kil. au nord du bourg de ce nom — 13 kil. d'Auray — 18 kil. de Quiberon — (Département du Morbihan) couvrent un espace de quatre mille mètres en longueur depuis les premières pierres du *Cromlech* du *Menec Vras* jusqu'à *Boud er Bic*, extrémité du *Menec Vihan*.

Ils se divisent en quatre monuments distincts orientés au soleil levant. (Solstices et équinoxes.)

1º *Le Menec* que l'on peut traduire par *lieu du souvenir*. Ce premier alignement a 1.200 mètres de long sur 100 mètres de large; il se compose de onze rangées de *menhirs* qui partent d'un demi-cercle encore assez régulièrement tracé parmi les maisons du petit village. Il a 942 pierres en place (409 levées, 533 renversées).

2º *Kermario, cité, ville, ker, des morts*. Ce second monument a 1.250 mètres de long sur 100 mètres de large. Jusqu'à *Vitri Vihan* (*la petite métairie*), il ne présente à son origine que dix lignes de pierres levées, la onzième se laisse apercevoir seulement au-dessous du moulin de Kermaux.

Kermario a 885 menhirs (205 levés, 680 renversés).

3º *Kerlescan, cité, ville, ker des cendres*. Ce troisième groupe occupe une longueur de 350 mètres sur 128 mètres en largeur. Un cromlech carré le commence; 13 lignes de pierres partent de ce *cromlech*. Il y a à Kerlescan 294 pierres (116 levées, 178 renversées).

4º Le *Menec-Vihan* ou le *petit-Menec*. Ce dernier alignement est presque totalement détruit. On ne peut juger ni de sa largeur ni du nombre de ses files.

En comptant celles qui bordent les fossés du chemin, il a 244 pierres (58 levées, 186 renversées).

La hauteur moyenne des pierres est au *Menec Vras* de 2 mètres 50 cent. à 3 mètres. Quelques pierres atteignent 4 mètres; les petites pierres ne dépassent pas 1 mètre 40 ou 1 mètre 50.

A *Kermario*, la hauteur moyenne des grandes pierres est

de 4 mètres; quelques-unes mesurent jusqu'à 6 mètres; elles sont renversées, les petites pierres debout ont 1 mètre 60, 1 mètre 80 de haut.

A *Kerlescan*, la hauteur moyenne est de 2 mèt., 2 m. 50; quelques grandes pierres atteignent 3 et 4 mètres.

Le *Menec Vihan* est tellement détruit qu'on ne peut préciser la hauteur moyenne de ses *Menhirs*.

L'espace entre les pierres, dans les alignements les mieux conservés, varie de 3 à 4 mètres dans la longueur, de 9 à 10 mètres dans la largeur.

Il y a donc à Carnac 2.365 pierres dont 788 levées et 1.577 renversées.

En calculant la longueur totale, il pouvait y avoir autrefois neuf mille pierres dans les quatre alignements.

Dessins de M. H. du Cleuziou.

ARCHITECTURE DE L'ANTIQUITÉ

(Domination romaine dans les Gaules)

2   AMPHITHÉATRE DE NIMES (Gard).

Cet amphithéâtre, qui pouvait contenir 30.000 spectateurs, a été construit sous les Antonins ; il emprunte son caractère et ses profils à l'architecture romaine et se fait remarquer surtout par de merveilleuses dispositions adoptées pour l'écoulement des eaux pluviales.

Au vi^e siècle, il avait été transformé en forteresse ; quelques traces de cette transformation se voient encore du côté du midi où l'on remarque notamment une tour sarrazine.

Des travaux importants de consolidation ont été entrepris depuis 1859 sous la direction de M. Révoil, architecte.

Dessins de M. Simil, architecte.

3   AMPHITHÉATRE D'ARLES (Bouches-du-Rhône).

L'époque précise de sa construction ne nous est pas connue ; le premier amphithéâtre en pierre ayant été construit à Rome sous le règne d'Auguste, on peut supposer que la ville d'Arles, qui était alors la *Rome des Gaules*, fut la première des colonies qui suivit cet exemple.

En plan, les dimensions de l'amphithéâtre d'Arles sont un peu plus grandes que celles de l'amphithéâtre de Nîmes. Il diffère surtout de celui-ci par son ordonnance et ses profils grœco-romains, par le système de linteaux employés dans la couverture de la galerie du rez-de-chaussée et par la hauteur du parapet du *podium* ainsi disposé en vue des luttes de bestiaires.

En 1825, la ville d'Arles, avec le concours de l'Etat et du département, entreprit le déblaiement des maisons qui encombraient l'édifice et qui étaient au nombre de 213. Environ 162.000 fr. furent affectés à cette opération.

Un projet de consolidation générale fut ensuite mis à l'é-

tude et exécuté au moyen d'un crédit spécial de 420.000 fr. accordé par la loi du 22 juin 1845.
Dessins de M. Questel, architecte, qui a dirigé les travaux, continués aujourd'hui par M. Révoil.

Photographie.

4   THÉATRE D'ARLES (Bouches-du-Rhône).

Par ses dispositions, ce monument, dont la construction remonte aux Antonins, offre un spécimen complet des édifices destinés par les Romains à la représentation de leurs spectacles.
Sa décoration scénique était formée des marbres les plus rares, dont il reste de nombreux fragments.
De 1825 à 1843, la ville d'Arles, aidée par l'Etat et par le département, fit procéder à des travaux de déblaiement et d'acquisition de terrains, car, de même que l'amphithéâtre, l'édifice était encombré d'habitations.
M. Révoil, architecte, fut ensuite chargé en 1856, de la consolidation des parties qui menaçaient ruine et de la continuation des opérations de dégagement.

Dessins de M. Questel, architecte.

Photographie.

5   THÉATRE D'ORANGE (Vaucluse).

Dans son état actuel, ce théâtre montre encore ce que l'on ne retrouve plus dans celui d'Arles, la façade et le mur de la scène complets.
D'une exécution presque grossière à l'extérieur, il était, à l'intérieur, décoré avec une grande richesse, et l'on conserve encore dans son enceinte une quantité considérable de fragments de sculptures et d'ornements.
Divers travaux de consolidation ont été exécutés par feu Constant Dufeux et M. Daumet, architectes.

Photographies.

6   MAISON CARRÉE, A NIMES (Gard).

Ce temple antique remonte à l'époque des Antonins.
Sa décoration intérieure est d'une richesse et d'une élégance extrêmes. Son ordonnance corinthienne est si

bien entendue au point de vue des proportions qu'il a
l'aspect d'un monument considérable, bien que ses dimensions soient relativement restreintes.

Photographies.

7   TEMPLE D'AUGUSTE ET DE LIVIE, A VIENNE
(Isère).

La construction de ce temple remonte au siècle d'Auguste ;
toutefois il n'a été achevé que postérieurement, du moins
quant à la sculpture.

Des fragments de tuiles en bronze doré, trouvés autour du
monument, ont dû appartenir à sa couverture primitive.
Toute la partie postérieure de la *Cella* est d'un style très-
pur et ses chapiteaux rappellent la belle époque de l'art
antique.

Le temple d'Auguste et de Livie, converti en église au
moyen âge, a subi de nombreuses mutilations.

Sa restauration, commencée en 1823 par feu Constant
Dufeux, architecte, est continuée par M. Daumet.

Dessins de M. Questel, architecte.

8   TOUR DE VÉSONE, A PÉRIGUEUX (Dordogne).

On croit que cette construction était un tombeau ou plutôt un mausolée.

Il existe dans le Périgord, près Ribérac, une tour analogue
et du même temps qui présente, comme la tour de Vésone, une brèche du côté du levant.

Photographies.

9   THERMES ET NYMPHÉE, A NIMES (Gard).

Les fouilles exécutées par M. Révoil, architecte, ont con-
tribué à démontrer que le monument, connu sous le
nom de *Temple de Diane*, devait être un nymphée,
comme celui d'Albano, dont il se rapproche par la disposition de son plan.

La construction de la voûte est très-remarquable, et les
architectes provençaux ont dû s'en inspirer pour élever
les premières églises voûtées du Midi de la France.

Ce nymphée paraît avoir été une annexe des Thermes dont
les restes, qui existaient encore sous Louis XIV, ont

disparu pour faire place au jardin établi par le... Maréchal. Les portiques neufs ont été réédifiés su... plan et le modèle antiques.

Dessins de M. Simil, architecte.

10 PONT DU GARD, PRÈS NÎMES (Gard)

Ce gigantesque ouvrage faisait partie d'un aqueduc... 41 kilomètres de longueur, qui conduisait à Nîmes... eaux des fontaines d'Eure et d'Airan, et qui fut... construit sous le règne d'Auguste, par son gén... Agrippa, investi, dans le midi des Gaules, de la char... d'intendant général des eaux. (*Curator perpetuus aqua... rum.*)

Situé à 23 kilomètres au nord-est de Nîmes, le pont du Gard relie les deux rives d'une vallée profonde au... lieu de laquelle coule la rivière du Gardon. On... qu'il fut rompu au Ve siècle, lors des premières inva... sions des barbares, qui se seraient rendus maîtres... Nîmes en la privant de ses eaux. Depuis lors, il ne... plus qu'une simple voie de communication. Des répa... tions très-insuffisantes furent exécutées au XVIIIe siècle.

Dessins de MM. Questel et Laisné, ce dernier a dirigé les im... portants travaux de restauration exécutés de 1855 à 185...

11 ARC DE TRIOMPHE D'ORANGE (Vaucluse)

Cet arc, qui égale presque par ses dimensions les deux... plus importants monuments de ce genre qui nous... soient restés des Romains, date des premiers siècles de... notre ère.
Transformé en citadelle au moyen âge, il a subi les fâ... cheuses conséquences de cette destination.
Il se distingue par la richesse et l'élégance des caissons... qui décorent le dessous des arcades. Les bas-reliefs dont... il est couvert sont du plus haut intérêt au point de vu... de l'histoire militaire des Romains.

Photographies.

12 PORTE DE MARS, A REIMS (Marne).

Cet arc de triomphe, l'un des plus importants que des... Romains aient élevés, devait être aussi l'un des plus... riches par son ornementation.

A une époque qui n'est pas connue, une partie assez considérable du monument a été détruite.

En outre, la décoration a eu beaucoup à souffrir des injures du temps et des nombreuses constructions qui lui ont été accolées ou superposées. C'est ainsi qu'en 1544 il a été enclavé dans les fortifications élevées pour la défense de la ville.

Il a été dégagé des terres du remblai de l'ancien rempart et consolidé par les soins de MM. Millet et Ouradou, architectes.

Photographies.

13 PORTE SAINT-ANDRÉ, A AUTUN (Saône-et-Loire).

Porta lingonensis, très-remarquable par sa construction et son ordonnance architecturale. Toute la partie gauche formant avant-corps a été démolie à une époque fort reculée ainsi que la tour qui, de ce côté, faisait pendant à celle dont on voit encore toute la partie inférieure, à droite en entrant dans la ville. Le poste militaire qui était établi dans cette dernière tour, avait été converti en chapelle au XIIe siècle; on y voit encore des traces de peintures murales de cette époque.

Les travaux de consolidation de la porte romaine, dite de Saint-André, ont été exécutés de 1844 à 1849 par M. Viollet-le-Duc, architecte, auteur des dessins.

14 ARC DE TRIOMPHE DE LANGRES (Haute-Marne).

On pense que ce monument a été élevé sous le règne de Marc-Aurèle.

Il résulte des sondages opérés lors des travaux de consolidation exécutés sous la direction de M. Millet, architecte, en 1853, qu'il ne reste de l'arc antique qu'un placage enclavé dans les murs d'enceinte de la ville.

A l'exception de l'attique qui n'existe plus depuis longtemps, la face conservée est restée à peu près intacte.

Photographies.

15 ARC DE TRIOMPHE DE SAINTES (Charente-Inférieure).

Ce monument, dit Arc de Triomphe de Germanicus, était placé primitivement comme les deux arcs de Saint-Chamas, à l'extrémité d'un pont dans lequel il se trouvait

De son rétablissement en avant [illegible] en [illegible]
[illegible] recouvrement à l'héritier [illegible]

Dessin de M. [illegible], architecte.

PORTE SAINT-MARCEL, A DIE (Drôme).

La ville de Die a conservé deux portes de [illegible]
même. L'arc connu sous le nom de *[illegible]* a subi au moyen âge des dégradations qui
l'ont défiguré. C'est ainsi qu'il a [illegible]ment masqué à l'extérieur par une construction de deux tours, construite pour [illegible]
elle [illegible]

Dessin de feu Manguin, architecte.

TOUR MAGNE, A NIMES (Gard).

La date et la destination de cette construction massive ne sont pas connues. Elle est aujourd'hui ruinée. On attribue les premières dégradations à [illegible] les Martel qui détruisit à Nîmes les monu[illegible]
Sarrazins avaient fait leurs forteresses [illegible]
aux VIIIe et XIIe siècles comme place forte [illegible]
aussi à défendre la ville contre les Anglais [illegible]
les VI et Charles VII.
Les restes de la Tour Magne ont été consolidés [illegible]
soins de MM. Questel et Révoil, architectes.
Photographies.

___

ARCHITECTURE RELIGIEUSE

—

DIVISION PAR ÉCOLES ET PAR PROVINCES.

Pendant la période romane, chaque province avait son école qui était née dans un milieu particulier, sous l'influence de certaines traditions, et s'était développée séparément jusque pendant la première moitié du XIIe siècle. Nous avons donc été conduits à grouper ensemble toutes les églises romanes d'une même école, de manière à faire ressortir les caractères qui la distinguent. Mais, quelquefois, le milieu dans lequel s'est produite une école a subi lui-même des influences diverses qui ont produit des types différents. Dans le Poitou, par exemple, deux systèmes, celui de la voûte en berceau et celui de la coupole, sont également appliqués. Le plus souvent, l'influence d'une école s'est étendue dans tout le bassin d'un fleuve ou d'une rivière, mais il y a des exceptions à cette règle. Les ordres monastiques, principalement ceux de Cluny et de Cîteaux qui ont fait école en architecture, ont introduit l'application de leurs méthodes sur tous les points où ils ont porté des établissements. Enfin, la ressemblance ou l'analogie qui existent entre des monuments, quelquefois très-éloignés les uns des autres, sont dues fréquemment à l'influence personnelle d'un artiste qui a inspiré ces monuments quand il ne les a pas construits lui-même.

Bien qu'à partir de la seconde moitié du XIIe siècle, les différentes écoles d'art tendent à disparaître pour subir l'influence de la nouvelle architecture de l'Ile-de-France, nous avons cru devoir grouper ensemble toutes les églises ogivales d'une même province. Ce classement est celui qui permet de faire les rapprochements les plus intéressants et les plus concluants au point de vue de l'histoire de l'art; d'ailleurs, pendant le XIIIe siècle, les trois écoles bourguignonne, champenoise et normande conservent un caractère local, tout en adoptant le nouveau style.

ÉCOLE DE L'ILE-DE-FRANCE.

Ses limites suivent le cours de l'Eure, de Chartres à
Pont-de-l'Arche, s'étendent jusqu'à la mer vers Dieppe,
passent par Beauvais, remontent le cours de l'Oise
jusque près de Saint-Quentin, passent par Laon, Châ-
teau-Thierry, Provins, Nogent-sur-Seine, touchent à
Sens, descendent à Montargis et à Orléans.

Son influence se fait sentir au delà de Chartres jusqu'à
Nogent-le-Rotrou, au delà d'Orléans jusqu'à Bourg,
au delà de Nogent-sur-Seine jusqu'à Troyes.

18   CRYPTE DE SAINT-AVIT, A ORLÉANS (Loiret).

L'une des plus anciennes que nous possédions (vii⁰ siècle).
Sous le rapport de la construction, ce monument a de
l'analogie avec la chapelle de Neuwiller, fondée en 716,
avec l'église d'Eschau qui date de 773 et surtout avec
l'église de Vignory fondée en 986, dont l'appareil, la
taille des pierres, la forme des tailloirs des piliers et
celle des fenêtres sont les mêmes.

Dessins de M. Bœswillwald, architecte.

19   ÉGLISE DE GERMIGNY-DES-PRÉS (Loiret).

Petite église du ix⁰ siècle (806) avec abside circulaire et
deux absidioles.

Les murs de l'abside sont décorés de stucs et de mosaïques
d'un grand caractère ; sa voûte en cul-de-four est revê-
tue d'une mosaïque à fond d'or.

*Monument aujourd'hui complétement restauré sous la direc-
tion de M. Lisch, architecte, auteur des dessins.*

20   ÉGLISE DE L'ANCIENNE ABBAYE DE SAINT-BENOIT-
SUR-LOIRE (Loiret).

Remarquable édifice du xi⁰ siècle, modifié dans quelques-
unes de ses dispositions aux xv⁰ et xvii⁰ siècles.

Les parties hautes des trois travées vers le porche et
toutes les voûtes de la nef appartiennent à l'art du
xiii⁰ siècle.

Les travaux de restauration, commencés en 1835, ont été

dirigés successivement par feu Delton et MM. Millet et Lisch, architectes.

Photographies.

21 ÉGLISE ET SAINTE-CHAPELLE DE L'ANCIENNE ABBAYE DE SAINT-GERMER (Oise).

L'église, détruite en 906 par les Normands, a été complétement reconstruite 130 ans plus tard, puis remaniée au XIIᵉ siècle.

La Sainte-Chapelle, bâtie au XIIIᵉ siècle, a été copiée sur la Sainte-Chapelle haute de Paris.

Dessins de M. Bœswillwald, architecte, qui a dirigé la restauration de la Chapelle (1844-1860).

22 ÉGLISE NOTRE-DAME DE MANTES (Seine-et-Oise).

Présente une copie réduite de Notre-Dame de Paris; elle a été bâtie d'un seul jet à la fin du XIIᵉ siècle; les chapelles du chœur sont du XIVᵉ, et les tours sur la façade du XIIIᵉ.

Dessins de M. A. Durand, architecte, qui dirige la restauration du monument, commencée en 1838.

23 ÉGLISE NOTRE-DAME DE SENLIS (Oise).

(Ancienne cathédrale.)

Édifice de la fin du XIIᵉ siècle qui n'avait pas de transept dans l'origine; ses bras de croix ont été établis au XVᵉ siècle en coupant deux travées de la nef. Clocher du commencement du XIIIᵉ siècle.

Dessins de M. Duthoit, architecte, qui a dirigé les travaux de restauration exécutés en 1870.

24 ÉGLISE DE L'ANCIENNE ABBAYE DE MORIENVAL (Oise).

De la fin du XIᵉ siècle.
Clochers du commencement du XIIᵉ siècle.
Remaniements considérables au XIVᵉ siècle.

Dessins de M. Bœswillwald, architecte.

25   ÉGLISE NOTRE-DAME DE MELUN (Seine-et-Marne).

Les soubassements des clochers et des transepts datent du
xe siècle. La nef date du xiie siècle et était autrefois
couverte par une charpente apparente. Le chœur est du
xiiie siècle. La restauration du chœur et des clochers a
été faite par M. Millet (1853-1857).

Dessins de M. Bérard, architecte.

26   ÉGLISE DE POISSY (Seine-et-Oise).
    (Ancienne collégiale.)

Porche de la façade du ixe siècle, nef du xiie remaniée au
xvie et au xviie siècles, chœur de la fin du xiie, chapelles
de la nef et porche latéral du xvie, clocher central
du xiie siècle, clocher sur la façade de la même époque,
reconstruit en partie au xvie. Bas côté du chœur et chapelles latérales de la fin du xiie.
Monument restauré sous la direction de M. Viollet-le-Duc,
architecte (1846-1868).

Dessins de M. Formigé, architecte.

27   ÉGLISE DE COUDUN (Oise).

La nef, les bas côtés et le portail appartiennent à l'époque
romane, le chœur et le clocher à la période de transition.

Dessins de M. Gion, architecte.

28   ÉGLISE DE L'ANCIEN PRIEURÉ DE SAINT-LEU D'ES-
SERENT (Oise).

Narthex du xie siècle.
Chœur de la fin du xiie, nef du commencement du xiiie,
clocher du xiie.

*M. Selmersheim, architecte, auteur des dessins, dirige la
restauration du monument.*

29   ÉGLISE DE BAGNEUX (Seine).

Jolie église de la fin du xiie siècle, gâtée par des restaurations modernes.

Dessins de M. Gout, architecte.

30   ÉGLISE DE JUZIERS (Seine-et-Oise).

Chœur bien conservé du xiie siècle, offrant le plus grand
    intérêt.
Divers travaux de restauration ont été exécutés par
    feu Garrez et M. Godebœuf, architectes.

Dessins de M. Naples, architecte.

31   ÉGLISE DE VERNOUILLET (Seine-et-Oise).

De la fin du xiie siècle.
Abside carrée. Clocher très-remarquable. Façade détruite.

Dessins de M. Viollet-le-Duc, architecte.

32   ÉGLISE DE BOUGIVAL (Seine-et-Oise).

Élevée au xiiie siècle à la place d'une église construite dans
    le siècle précédent et dont le clocher seul a été conservé.
    Ce clocher est la partie la plus intéressante du monu-
    ment; malheureusement il se trouve, comme l'église
    elle-même, dans un tel état de dégradation que la res-
    tauration est devenue impossible.

Dessins de M. Boudin, architecte.

33   ÉGLISE DE NESLES (Seine-et-Oise).

Charmant édifice dont la construction remonte aux der-
    nières années du xiie siècle et qui est accolé à un clo-
    cher plus ancien (premières années du xiie siècle). Ce
    clocher devait être primitivement détaché et bâti pro-
    bablement le long d'une église à une seule nef. Il est
    un des mieux conçus et des mieux bâtis parmi les
    nombreux exemples fournis par cette province, la plus
    fertile en beaux clochers.

Dessins de M. E. Danjoy, architecte.

34   ÉGLISES DE TRACY-LE-VAL ET DE SAINT-WAAST DE

         LONGMONT (Oise).

Le clocher de l'église de Tracy-le-Val dont la construction
    est peu postérieure à celle du clocher de Nesles (Seine-
    et-Oise) est, comme celui-ci, voisin du sanctuaire. Le

système de construction indique déjà, de la part de
l'architecte, le désir de s'affranchir des traditions romanes et un premier pas vers l'art français de la fin
du xiie siècle. La nef, la façade et les autres parties de
l'église sont du xiie siècle, sauf le collatéral de gauche
qui est du xvie siècle.

L'église de Saint-Waast de Longmont date de la fin du
xiie siècle. Un porche couvert en charpente a été élevé
au-devant de la façade principale au xiiie siècle ou au
commencement du xive siècle.

Dessins de M. Gion, architecte.

35   ÉGLISE DE MAREIL-MARLY (Seine-et-Oise).

Cet édifice a été élevé d'un jet pendant les premières
années du xiiie siècle. Le clocher seul est plus ancien;
il remonte au siècle précédent.

Sous Louis XIV, la flèche étant détruite, on ajouta sur
l'ancien étage à jour un nouvel étage en maçonnerie
couronné par un comble couvert en ardoises.

La restauration, commencée en 1871 et aujourd'hui terminée, est due à M. Millet, architecte.

Dessins de M. Naples, architecte.

36   [ÉGLISE NOTRE DAME D'ÉTAMPES (Seine–et-Oise).

Mélange de constructions de toutes les époques et de tous
les styles : nef principale, collatéraux et clocher du
xie siècle, chœur de la fin du xiie, portail latéral du
xiiie siècle, chapelle Sainte-Marguerite de la fin du
xve siècle. A l'intérieur, on remarque un rang de créneaux qui a dû être ajouté au xiiie ou au xive siècle.

Dessins de M. Simil, architecte.

37   ÉGLISE SAINT-JULIEN-LE-PAUVRE, à Paris (Seine).

Le chœur présente le caractère de la seconde moitié du
xiie siècle. La nef et les restes du portail paraissent pos-
térieurs de cent ans environ. Le tout est aujourd'hui
enclavé dans les bâtiments du vieil Hôtel-Dieu.

Dessins de M. Selmersheim, architecte.

38 ÉGLISE SAINT-PIERRE DE MONTMARTRE, à Paris.

Construite sous le règne de Louis le Gros lorsqu'il fonda
l'abbaye en 1133. On remarque dans le chœur plusieurs colonnes antiques en marbre vert. Cet édifice
était incendié en 1559 et mutilé lors de sa restauration
par les artistes du XVIe siècle. A cette époque, on sup-
primait tous les points d'appui intermédiaires dans
chaque travée de la nef, l'on abattait les chapiteaux
couronnant les piliers, l'on réédifiait les voûtes, l'on
modifiait des parties du triforium et l'on ouvrait de
nouvelles croisées pour éclairer la partie haute de l'é-
difice.

*Dessins de M. E. Millet, architecte, chargé, sur la proposi-
tion de la Commission des Monuments historiques, de pré-
parer un projet de restauration du chœur et une étude
complète de cette curieuse église.*

39 CLOCHER DE L'ÉGLISE D'AUTEUIL, à Paris.

Ce clocher du XIIe siècle est le seul reste de l'ancienne
église avec la porte principale au-devant de laquelle un
porche sans caractère a été établi au siècle dernier.

Dessins de M. Selmersheim, architecte.

40 ÉGLISE SAINT-NICOLAS-SAINT-LAUMER, A BLOIS
(Loir-et-Cher). Ancienne abbaye.

Le chœur et le transept appartiennent à la période de
transition; la sculpture de cette partie de l'édifice est
des plus remarquables et présente un caractère tout
particulier. La nef et les deux clochers de la façade occidentale datent du XIIIe siècle. La chapelle placée dans
l'axe du chœur est du XIVe siècle.

*Travaux en cours d'exécution sous la direction de M. de
Baudot, architecte, auteur des dessins.*

41 ÉGLISE DE BRIE-COMTE-ROBERT (Seine-et-Marne)

Édifice de la fin du XIIe siècle ou du commencement du
XIIIe siècle.
Trois travées de la nef et la partie supérieure du portail
ont été restaurées au XVIe siècle. Le clocher est de la

même époque que l'église. La flèche seule est du xviii^e
siècle.

Dessins de M. Danjoy, architecte.

42   ÉGLISE NOTRE-DAME DE LAON (Aisne).

(Ancienne cathédrale.)

L'un des plus beaux spécimens de l'architecture du xiii^e
siècle.

Dans l'origine, cette église avait une abside circulaire avec
chapelles rayonnantes. Le plan fut modifié pendant la
seconde moitié du xiiie siècle et le chœur fut terminé
par un chevet carré.

*Dessins de M. Bœswillwald, architecte, qui dirige la restau-
ration du monument depuis 1854.*

43   ÉGLISE DE L'ANCIENNE ABBAYE DE SAINT-JEAN-AUX-
BOIS (Oise).

Première moitié du xiiie siècle.

*Dessins de M. Mimey, architecte, qui dirige la restauration
du monument.*

4   ÉGLISE DE L'ANCIENNE ABBAYE DE SAINT-MARTIN-
AUX-BOIS (Oise).

Important édifice de la fin du xiie siècle, qui rappelle, par
son élégance, l'abside de la cathédrale de Beauvais. On
y remarque de magnifiques grisailles du xiiie siècle et
de très-belles stalles en bois.

*Dessins de M. Verdier, architecte, qui a commencé la res-
tauration, continuée aujourd'hui par M. Duthoit, architecte.*

45   ÉGLISE DE SAINT-SULPICE DE FAVIÈRES (Seine-et-
Oise).

L'étude de l'architecture de cet édifice démontre qu'il a été
commencé par l'abside, vers la fin du xiiie siècle et que
les dernières constructions sont du xive siècle.

Belles stalles en bois du xive ou du xve siècle.
Deux magnifiques verrières du xiiie siècle.

Dessins de M. Lisch, architecte.

46 CLOCHER DE L'ÉGLISE DE MOGNEVILLE (Oise).

Commencement du xiiie siècle.

Dessins de M. Duthoit, architecte.

47 ÉGLISE DE GONESSE (Seine-et-Oise).

Nef et chœur du commencement du xiiie siècle. Triforium
de la nef du xive siècle. Chapiteaux d'une rare beauté
très-variés comme ornementation.

Dessins de M. Simil, architecte.

48 ANCIENNE ABBAYE D'OURSCAMP (Oise).

Fondée en 1130 par Simon de Vermandois, évêque de
Noyon.
L'église, dont il ne reste que le chœur en ruines, date du
xiiie siècle, ainsi que le vaste bâtiment très-bien conservé renfermant la belle salle, dite *des Morts*, qui a dû
être l'hôpital de l'abbaye.

Dessins de M. Gion, architecte.

49 ANCIENNE ABBAYE DES VAUX-DE-CERNAY (Seine-et-
Oise).

Fondée en 1128 par Simon III, seigneur de Neauphle-le-
Château.

Dessins de M. Simil, architecte.

50 ÉGLISE D'ARCUEIL (Seine).

Édifice du xiiie siècle, sauf les deux premières travées
qui furent reconstruites au xve siècle.

Dessins de M. Gout, architecte.

51   SAINTE-CHAPELLE DE PARIS (Seine).

Bâtie sous saint Louis, par Pierre de Montereau, 1242-
1247. Au xve siècle, sous Charles VII, des travaux importants modifièrent certaines parties de l'édifice. Restauration commencée par feu Duban et Lassus, et
terminée par M. Bœswillwald.

*Dessins de MM. Bœswillwald, Viollet-le-Duc et Stein-
heil.*

52   CHAPELLE DU CHATEAU DE SAINT-GERMAIN (Seine-
et-Oise).

Bâtie de 1230 à 1240, elle est un dérivé des écoles champenoise et bourguignonne. Les voûtes portent sur des
piles saillantes à l'intérieur, laissant au-dessus de l'arcature une circulation. Les formerets des voûtes, au
lieu de servir d'archivoltes aux fenêtres, sont isolés et
laissent entre eux et les baies un espace couvert par
le chéneau, qui se trouve ainsi placé dans d'excellen-
tes conditions. Les fenêtres sont alors prises sous la
corniche, et mettent à jour tout l'espace compris entre
les contreforts, elles sont rectangulaires et cette disposition, tout à fait exceptionnelle, produit un grand effet.

*Dessins de M. Millet, architecte, qui dirige la restaura-
tion du monument.*

53   CHAPELLE DU CHATEAU DE VINCENNES (Seine).

Commencée sous Charles V, la construction élevée à la
hauteur des voûtes resta inachevée. Elle fut continuée
seulement sous Henri II, d'après les données premières.
La restauration, commencée en 1867, est exécutée sous
la direction de M. de Baudot, architecte.

Dessins de M. Sauvageot, architecte.

54   EGLISE DE BELLOY (Seine-et-Oise).

La construction de cette église, comme cela ressort de
l'examen du plan, paraît être de différentes époques,
mais principalement des xive et xve siècles.
Le portail principal, qui est la seule partie intéressante,
date du xvie siècle.

A l'intérieur, on remarque une cuve baptismale ornée de sculptures, une chaire décorée de bas-reliefs de la Renaissance, des stalles et un banc-d'œuvre de la même époque.

Dessins de M. Viollet-le-Duc, architecte.

ÉCOLE CHAMPENOISE.

Ses limites suivent le cours de la Seine, de Bar-sur-Seine à Nogent-sur-Seine, remontent jusqu'à l'Aisne en passant à Essommes, remontent le cours de l'Aisne jusqu'à Réthel, de là vont chercher la Meuse à Mouzon, la remontent jusqu'à Commercy, englobent Toul, passent par Neufchâteau, Chaumont, Bar-sur-Seine.

Son influence s'étend jusqu'à Sens à l'ouest, jusqu'à Metz à l'est, et au delà de Nancy, Blamont, Mirecourt et Langres au sud.

Pendant le XIIIe siècle, cette école conserve un caractère local tout en adoptant le nouveau style de l'Ile-de-France.

55 ÉGLISE SAINT-REMI, A REIMS (Marne).

Nef du xe siècle, construite pour recevoir une charpente, avec doubles collatéraux voûtés, dans l'origine, au moyen de berceaux perpendiculaires à la nef. Chœur de la fin du XIIe siècle, façade du XIIe (restaurée). Pignon du transept sud du XVIe siècle.

Photographies d'après des dessins de M. Leblan, architecte.

56 ÉGLISE DE L'ANCIENNE ABBAYE DE MONTIÉRENDER

(Haute-Marne).

Elevée vers la fin du xe siècle sur l'emplacement d'une église plus petite, et reconstruite en grande partie à la fin du XIIe siècle; le chœur, les murs du transept, l'abside avec ses chapelles et la tour sud de la façade principale sont de cette époque. La nef avec ses collatéraux du xe siècle sont restés debout. Au commencement du XVIe siècle, les charpentes apparentes de la nef ont été remplacées par une voûte en bois, celles des bas-côtés par des voûtes d'arête en pierre. Le portail date du même temps.

L'église de Montiérender est un des plus curieux monuments de la Champagne, et les diverses époques de sa construction s'y distinguent parfaitement.

Dessins de M. Bœswillwald, architecte.

57   ÉGLISE DE L'ANCIENNE ABBAYE DE VIGNORY
(Haute-Marne).

La construction de cette église peut remonter, d'après le style de son architecture, à l'époque de la fondation du prieuré de Vignory, c'est-à-dire vers l'an 987. Six travées de la nef, le chœur avec son abside, ses collatéraux et ses trois chapelles appartiennent à la construction primitive. Les deux tours datent du XIe siècle.

Au XIVe siècle, les croisées romanes des chapelles du chœur ont été remplacées par des croisées à meneaux beaucoup plus grandes. Les deux travées à ogives et le porche actuel ont été soudés à la nef romane au commencement du XVe siècle. Le mur des bas-côtés nord a été reconstruit à la même époque ; celui des bas-côtés sud fut ouvert pour donner entrée à une suite de chapelles construites également au XVe siècle, en même temps que la chapelle carrée de l'abside.

Dessins de M. Bœswillwald, architecte.

58   ÉGLISE DE MONT-DEVANT-SASSEY (Meuse).

L'abside, le chœur, les transepts et la nef datent du commencement du XIIe siècle. Mais le système des voûtes de la nef et la forme des piliers ont été modifiés au XIIIe siècle. Le porche, qui formait la partie la plus riche du monument, a été transformé à l'extérieur, à l'époque de la Renaissance.

Crypte très-intéressante du XIe siècle, sous le chœur.

L'église de Mont-Devant-Sassey a beaucoup souffert d'un incendie allumé par les Espagnols en 1660.

Dessins de M. Bœswillwald, architecte.

59   ÉGLISE D'ISOMES (Haute-Marne).

Présente tous les caractères d'une construction du XIIIe siècle. Le couronnement du clocher se fait remarquer par sa forme peu ordinaire; ses quatre angles, terminés aujourd'hui en plate-forme, devaient porter, en principe, les symboles des quatre évangélistes. L'ensemble de l'église se distingue par l'unité du style et la simplicité de la construction.

Dessins de M. Bœswillwald, architecte.

60   ÉGLISE D'ORBAIS (Marne).

Appartenait à une abbaye de l'ordre de Saint-Benoît, dépendant du diocèse de Soissons. A en juger par les détails de son architecture, sa construction a dû être commencée dans les dernières années du xiie siècle; les chapelles rayonnantes autour du collatéral du chœur sont de cette époque. Tout le reste de l'édifice paraît avoir été construit dans les premières années du règne de saint Louis.

La nef a été détruite à la fin du siècle dernier; le chœur et les transepts ont été seuls conservés.

Dessins de M. Millet, architecte.

61   ÉGLISE DE BLÉCOURT (Haute-Marne).

Appartient par son architecture à la première moitié du xiiie siècle. Les fenêtres de la nef ont été remaniées à la fin du xive siècle, époque à laquelle les arcs-boutants ont été reconstruits. Le porche qui existait primitivement sur la face principale a été remplacé, en 1662, par un porche d'ordre toscan qui tombe en ruines.

L'église de Blécourt faisait partie des domaines du sire de Joinville, qui lui a fait des donations et qui s'y rendit en pèlerinage avant de s'embarquer pour la croisade.

Dessins de M. Bœswillwald, architecte, chargé de la restauration du monument.

62   ÉGLISE DE RIEUX (Marne).

Cette église appartient pour la plus grande partie de sa construction à la fin du xiiie siècle et offre un des exemples les plus remarquables de l'architecture gothique appliquée à des édifices d'une médiocre proportion.

Dessins de M. Millet, architecte.

63   ÉGLISE SAINT-URBAIN, A TROYES (Aube).

Ancienne collégiale fondée en 1262 par le pape Urbain IV,
continuée en 1264 par son neveu le cardinal Aucher et
consacrée seulement en 1389. Exemple le plus remarquable du style gothique champenois arrivé à son dernier développement. La nef est restée inachevée. Cette
église devait posséder trois clochers, l'un sur le transept et les deux autres sur la façade.

*Dessins de M. Selmersheim, architecte, auquel est confiée la
restauration du monument.*

64   ÉGLISE DE L'ANCIENNE ABBAYE DE MOUZON
(Ardennes).

Du commencement du xiiie siècle, à l'exception des deux
derniers étages des clochers, qui sont du xve siècle.
Appartient par le style à l'école de l'Ile-de-France.

*Dessins de M. Bœswillwald, architecte, qui dirige la res-
tauration du monument, commencée en 1866.*

65   SALLE SYNODALE DE SENS (Yonne).

Élevée d'un seul jet sous le règne de saint Louis, à la
fin de la première moitié du xiiie siècle, elle présente
dans toutes ses parties une parfaite unité de style et
offre l'exemple d'un édifice en même temps civil et religieux de la plus belle époque de l'art en France.

*Dessins de M. Viollet-le-Duc, architecte, auquel on doit la
restauration du monument (1855-1865).*

66   CHAPELLE SÉPULCRALE D'AVIOTH (Meuse).

L'église d'Avioth est un édifice remarquable et richement
décoré de la fin du xiiie siècle altéré par des additions
du xve siècle. La chapelle sépulcrale, qui en est isolée,
est un des types les plus charmants de la sculpture du
xve siècle.

*Dessins de M. Bœswillwald, architecte, auquel on doit la
restauration de la chapelle.*

67   ÉGLISE DE MAISONS-SOUS-VITRY (Marne).

Cet édifice, du commencement du xiiie siècle, a cela de
particulier que le sanctuaire et les transepts ont été
construits avec un certain soin et entièrement en pierre,
tandis que la nef ne présente que des murailles couronnées par de légères voûtes en charpente avec entraits
et poinçons apparents.

Dessins de M. Millet, architecte.

68   CHAPELLE SAINT-GILLES, A TROYES (Aube).

Cette petite église, construite en pans de bois, date de la
première moitié du xve siècle, mais elle a été augmen-
tée aux xvie et xviie siècles.

Dessins de M. Millet, architecte.

ÉCOLE BOURGUIGNONNE.

Ses limites passent par Joigny, Cosne, Nevers, remontent
la Loire jusqu'à Roanne, passent par Lyon, Belley, suivent le cours du Rhône jusqu'à Genève et Lausanne, de
là vont chercher le cours de la Haute-Saône, passent à
l'ouest de Belfort, à Remiremont, Epinal, Langres, Mussy-
sur-Seine et Joigny.
Son influence s'étend, au nord, jusqu'à Sens, Bar-sur-Seine,
Chaumont, Saint-Dié; à l'est, jusqu'à Epinal et Besançon, Nantua, Chambéry; à l'ouest, jusqu'à Moulins et
Cosne-sur-Loire.
Pendant le xiiie siècle, cette école conserve un caractère
local tout en adoptant le nouveau style de l'Ile-de-France.

69   ÉGLISE DE L'ANCIENNE ABBAYE DE SAINTE-MADE-

LEINE, A VÉZELAY (Yonne).

Grande église de l'ordre de Cluny, nef de la fin du xie siècle;
narthex fermé du xiie siècle; chœur et transept de la fin
du xiie siècle. Quatre clochers autrefois. Cette église est
à la tête de la grande école bourguignonne qui, la première, fit des efforts pour allier la voûte au plan de la
basilique antique.

Dessins de M. Viollet-le-Duc, architecte, auquel on doit la restauration du monument (1840-1861).

70   ÉGLISE DE L'ANCIENNE ABBAYE DE SAINT-PHILIBERT,
A TOURNUS (Saône-et-Loire).

Le narthex, la nef et les premiers étages des tours sont du
xie siècle ; le transept, le chœur et la crypte, du commencement du xiie ; le clocher du xiie siècle. Restes de peintures murales des xiiie, xive et xve siècles. Ce monument,
qui a été fortifié au xiiie siècle, offre, dans la nef et les
collatéraux, des rapports qu'il est intéressant de signaler
avec l'architecture romane de l'Auvergne et du Poitou.

Dessins de M. Questel, architecte.

71   ÉGLISE DE L'ANCIEN PRIEURÉ DE PARAY-LE-MONIAL
(Saône-et-Loire).

Le narthex appartient par son caractère à l'art du xie siècle,
ainsi que les deux tours qui le surmontent. Le reste de
l'église, la nef avec les bas-côtés, les transepts, le chœur
et les chapelles rayonnantes sont du xiie siècle.
Située dans l'Autunois, l'église de Paray-le-Monial rappelle
par les détails de son ornementation les édifices antiques.
Dans les archivoltes, les tailloirs, les chapiteaux, on sent
comme à Cluny, à Charlieu, à Semur en Brionnais, l'influence des portes d'Arroux, de Saint-André et d'autres
monuments romains de la ville d'Autun.

*Dessins de M. E. Millet, architecte, auquel on doit la res-
tauration du monument (1856-1860).*

72   ANCIENNE ABBAYE DE CHARLIEU (Loire).

xie et xiie siècles. Il ne reste aujourd'hui que l'admirable
portique de l'église, un des types les plus parfaits de l'architecture romane bourguignonne qui se soient conservés jusqu'à nous, une partie du cloître reconstruit au
xve siècle et quelques bâtiments occupés anciennement
par le prieur, servant aujourd'hui de presbytère.

*Dessins de M. Desjardins, architecte, qui a été chargé de la
direction des travaux de conservation, en 1852, lors de
l'acquisition faite par l'État.*

73 ÉGLISE DE CHATEAUNEUF (Saône-et-Loire).

Construite d'un seul jet au xii⁰ siècle sans adjonctions postérieures ; quelques modifications ont seulement été faites à l'intérieur, dans le cours du xv⁰ siècle, à la suite d'un incendie.
Par son style architectural, cet édifice rappelle à la fois les monuments d'Autun et de Clermont-Ferrand, offrant un exemple assez rare de fusion entre l'école Bourguignonne et celle de l'Auvergne. L'étage ajouré du clocher présente, sur chaque face, des piliers intermédiaires formés de colonnettes isolées qui donnent une grande élégance à cette construction.

Dessins de M. E. Millet, architecte, qui a dirigé la restauration du monument (1851-1860).

74 ÉGLISE DE SAINT-LAURENT-EN-BRIONNAIS (Saône-et-Loire).

Chœur et clocher du commencement du xii⁰ siècle, édifié, dit-on, par les moines de l'abbaye de Charlieu. Nef toute récente (1835) et sans caractère.

Dessins de M. Selmersheim, architecte, auquel est confiée la restauration du monument.

75 ÉGLISE DE SEMUR-EN-BRIONNAIS (Saône-et-Loire).

Fin du xii⁰ siècle, roman de transition. La coupole et les trois absides ont été recouvertes de mauvaises peintures à la fin du siècle dernier.

Dessins de M. Verdier, architecte.

76 ÉGLISE DE MONTRÉAL (Yonne).

L'une des églises les plus pures comme style bourguignon de la fin du xii⁰ siècle. Cette église, d'un seul jet, est remarquable par sa grande unité et, quoique très-simple, par le style de ses profils et de ses sculptures. Elle n'a jamais eu de clocher, ni sur sa façade, ni sur son transept. Comme elle était comprise dans l'enceinte du château ducal, il est probable que les cloches étaient placées dans une tour voisine. La petite rose de la façade rappelle celle de la face occidentale de Notre-Dame de Paris ; ce sont les mêmes profils, le même caractère, la même simplicité dans les ornements. A l'intérieur, on remarque une tribune construite en même temps que l'église, qui est supportée par d'énormes consoles en encorbellements et par une seule colonne isolée placée dans l'axe derrière le trumeau de la porte ; on ne connaît pas d'autre exemple en France d'une tribune ainsi construite, et de cette époque, aussi bien conservée.

Dessins de M. Viollet-le-Duc, architecte, qui a dirigé les travaux de restauration, exécutés de 1845 à 1853.

77   ÉGLISE NOTRE-DAME DE BEAUNE (Côte-d'Or).

(Ancienne collégiale.)

Edifice de la première moitié du XIIe siècle, l'un des dérivés de la cathédrale d'Autun ; le porche, ajouté au XIIIe siècle, et les deux clochers élevés à la même époque sur les deux premières travées des bas-côtés, n'ont été achevés que de nos jours. La grosse tour carrée du transept et la coupole intérieure sont également du XIIIe siècle, ainsi que la partie haute des murs de la nef et du transept, qui furent surélevés pour pouvoir porter une charpente destinée à remplacer la couverture primitive posée à même sur les voûtes.

Au XIVe siècle, la poussée des voûtes nécessita la construction d'arcs-boutants ; quelque temps après, probablement à la suite de l'incendie qui détruisit une grande partie de la ville, l'œuvre haute du chœur fut refaite à neuf.

Aux XVe, XVIe et XVIIe siècles, le monument eut encore à subir des modifications ou des additions. Il eut surtout beaucoup à souffrir à la fin du siècle dernier. Des travaux de restauration y ont été entrepris en 1860 par les soins de la Commission des Monuments historiques et exécutés par MM. Viollet-le-Duc et Ouradou.

Dessins de M. Viollet-le-Duc, architecte.

78   ÉGLISE DE SAINT-ANDRÉ DE BAGÉ (Ain).

Fondée au XIIe siècle, n'a dû être achevée qu'au commencement du XIIIe siècle. La disposition primitive, qui comportait trois nefs, a été altérée par la suppression des deux rangées de piliers qui la divisaient. Le clocher, qui est la partie la plus remarquable de cet intéressant édifice, présente une grande analogie avec les clochers de Cluny et de Tournus.

Dessins de M. Questel, architecte, qui a exécuté des travaux de restauration en 1846.

79 ÉGLISE DE L'ANCIEN PRIEURÉ DE SAINT-EUSÈBE, A AUXERRE (Yonne).

Monument du XIIe siècle, reconstruit en partie au XVIe, époque à laquelle la solidité du clocher fut gravement compromise. Cette partie de l'édifice, qui est assurément la plus intéressante, a été consolidée en 1868 par M. Lefort, architecte.

Dessins de M. Viollet-le-Duc, architecte.

80 ÉGLISE NOTRE-DAME DE SEMUR (Côte-d'Or).

Style bourguignon pur du XIIIe siècle. Beaucoup de points de ressemblance avec l'église Notre-Dame de Dijon.
Elle se distingue non-seulement par la légèreté et la grâce de son architecture, mais encore par le fini extraordinaire de tous ses détails, depuis la base jusqu'au sommet; elle est couverte de sculptures charmantes qui se peuvent comparer avec ce que le XIIIe siècle a produit de plus élégant.

Dessins de M. Viollet-le-Duc, architecte, qui a dirigé les travaux de restauration, exécutés de 1846 à 1854.

81 ÉGLISE DE SAINT-PÈRE-SOUS-VÉZELAY (Yonne).

Edifice du XIIIe siècle, style bourguignon pur. Porche ouvert bâti au XIIIe siècle et refait en partie au XIVe. Chœur de la fin du XVe siècle.

Dessins de M. Viollet-le-Duc, architecte, qui a exécuté les travaux de restauration les plus urgents.

82 ÉGLISE D'APPOIGNY (Yonne).

Ancienne collégiale construite au XIIIe siècle par les mêmes

artistes qui élevèrent la cathédrale d'Auxerre. Tou
carrée du xvie siècle. Jubé du commencement d
xviie siècle.

Dessins de M. Paul Bœswillwald, architecte.

83   ÉGLISE DE SAINT-THIBAULT (Côte-d'Or).

Cette église, en partie détruite par un incendie à la fin d
xviie siècle, dépendait d'un riche prieuré dont la fon
dation remonte au xie siècle.

En 1680, elle existait encore en entier; sa nef du xie siècle
ornée d'un beau porche latéral du xiiie siècle, son chœu
du xive siècle, ainsi que les jolies chapelles qui lu
étaient accolées, étaient encore debout. Il ne reste plu
de la vieille et riche église de Saint-Thibault que le
chœur, fait sur le modèle de celui de Saint-Urbain d
Troyes, la chapelle nord, élégante et légère construc
tion du xive siècle, quelques débris de la nef, et le beau
portail septentrional qui est certainement la partie l
plus curieuse et la mieux conservée de tout l'édifice.

*Dessins de M. Viollet-le-Duc, architecte, qui a dirigé le
travaux de conservation exécutés de 1844 à 1848..*

84   ANCIENNE CHARTREUSE DE DIJON (Côte-d'Or).

LE PUITS DE MOÏSE. XVe siècle.

Ce curieux monument, que l'on appelait aussi le Puits d
Prophète, était placé au centre du cloître de la Char
treuse, fondée par Philippe le Hardi, duc de Bourgogne
et construite de 1383 à 1388. Le puits de Moïse, don
les remarquables sculptures sont dues au ciseau d
hollandais Claux Sluter, date de 1396.

Photographies.

ÉCOLE DU POITOU

Ses limites descendent le Cher, la Loire jusqu'au-dessus
de Tours et suivent une ligne indécise de Tours aux
côtes de la Vendée; puis, de la côte, se dirigent au
dessus de Surgères, à Melle, Charroux, remontent la
Charente, la Vienne, passent au nord de Limoges, au

sud de Bourganeuf, d'Aubusson, et vont rejoindre le
Cher.
Son influence s'étend, à l'ouest et au nord, jusqu'à Nantes,
Cholet, Chinon, Tours, Saint-Genou, Salbris ; à l'est,
jusqu'à Nevers, Saint-Menoux, Montluçon ; Ussel, Tulle
et Brive au sud.

35 ÉGLISE DE NEUVY-SAINT-SÉPULCRE (Indre).

Eglise circulaire du XIᵉ siècle, bâtie à l'imitation du Saint-
Sépulcre, nef accolée très-ancienne, mais rebâtie au
XIIᵉ siècle.

*Dessins de M. Viollet-le-Duc, architecte, sous la direction
duquel des travaux de restauration ont été exécutés (1848-
1850).*

36 ÉGLISE NOTRE-DAME, A POITIERS (Vienne).

Monument du XIᵉ siècle, dont la remarquable façade a été
élevée dans le cours du siècle suivant. L'aspect de
l'église a été sensiblement altéré par la construction de
chapelles du XVᵉ siècle autour du chœur et d'autres at-
tenant au collatéral nord.

Photographie.

37 ÉGLISE DE L'ANCIENNE ABBAYE DE SAINT-GENOU
(Indre).

Très-ancienne église du XIIᵉ siècle, qui conserve à l'intérieur l'aspect d'une basilique antique. La nef a été détruite sous Louis XIV.

Dessins de M. de Mérindol, architecte.

88 ÉGLISE DE L'ANCIEN PRIEURÉ DE SAINT-DÉSIRÉ
(Allier).

Abside de la fin du XIᵉ siècle, nef du XIIᵉ, crypte très-remarquable du IXᵉ ou du Xᵉ siècle.

*Dessins de M. Darcy, architecte, auquel on doit la restau-
ration du monument (1866-1871).*

89   ÉGLISE ABBATIALE DE FONTGOMBAULT (Indre).

Edifice du XIIᵉ siècle.
La nef a été détruite en 1569, à l'époque des guerres de religion. Le chœur et le transept seuls sont debout et occupés aujourd'hui par des trappistes.

Dessins de M. de Mérindol, architecte.

90   PORTE DE L'ANCIEN MONASTÈRE DE SAINT-URSIN

A BOURGES (Cher).

Cette construction date de la première moitié du XIIᵉ siècle ; elle présente une curieuse juxtaposition des styles gallo-romain et byzantin.

Photographie.

POITOU

(Époque de la Renaissance)

91   CHAPELLE DU CHATEAU DE THOUARS (Deux-Sèvres).

Bâtie par Louis II, seigneur de la Trémoïlle, vicomte de Thouars, vers les premières années du XVIᵉ siècle.

Dessins de M. Lisch, architecte, qui dirige la restauration du monument.

ÉCOLE DE LA SAINTONGE

A beaucoup de rapports avec celle du Poitou, mais cependant ne peut être confondue avec elle. Ses limites passent au nord de la Charente, de la Rochelle à Civray, Rochechouart, Angoulême, Montmoreau, traversent la rivière d'Isle, la Dordogne vers Libourne, la Garonne à Loupiac, et enveloppent le Médoc.
Son influence s'étend, au nord, jusqu'à Surgères, Melle,

Charroux ; au nord-est, jusqu'à Nontron ; au sud, en
remontant la Garonne, jusqu'au Mas-d'Agenais.

82 ÉGLISE DE SURGÈRES (Charente-Inférieure).

(XIIᵉ SIÈCLE.)

Sa façade encore complète est très-remarquable par ses
sculptures et surtout par les deux cavaliers situés à
droite et à gauche au-dessus de la porte principale.

Dessins de M. Lisch, architecte.

83 ÉGLISE DE L'ANCIENNE ABBAYE DE MONTMOREAU (Charente).

(XIIᵉ SIÈCLE.)

Le clocher figure parmi les dérivés les plus éloignés du
clocher de Saint-Front-de-Périgueux.

Dessins de M. Abadie, architecte.

84 ÉGLISE DE GENSAC (Charente).

Nef du XIIᵉ siècle, chœur du XIIIᵉ. Cet édifice semble avoir
été construit en même temps que la cathédrale d'Angoulême dont il est une copie.

Dessins de M. Abadie, architecte.

85 ÉGLISE DE FENIOUX (Charente-Inférieure).

L'un des plus curieux monuments de cette partie de la
France ; il date du XIᵉ siècle. Quelques-unes de ses fenêtres sont encore garnies de claires-voies de pierre d'un
très-joli dessin. Il reste aujourd'hui très-peu d'exemples
de ce mode de fermeture adopté à la fin du XIᵉ siècle et
remplacé plus tard par des verrières.

Dessins de M. Abadie, architecte.

86 ÉGLISE DE SAINT-MICHEL-D'ENTRAIGUES (Charente).

(XIIᵉ SIÈCLE.)

Cet édifice présente en plan une disposition empruntée à
l'Orient, mais tous les détails de son exécution appar-

tiennent à l'art français dont il est l'une des productions les plus originales.

Dessins de M. Abadie, architecte, auquel on doit la restauration du monument (1849-1853).

97 ÉGLISE DE LESTERPS (Charente).

Monument du XIIe siècle, agrandi au XIIIe siècle. Le chœur primitif fut détruit à cette époque pour le prolongement de la nef qui alors se termina par une abside avec bas-côtés, chapelles rayonnantes demi-circulaires et transepts. Le clocher, qui appartient au commencement du XIIe siècle, est d'une construction fort belle et bien pondérée. L'influence des deux écoles du Périgord se fait sentir dans cette bâtisse colossale et admirablement traitée.

Dessins de M. Abadie, architecte.

ÉCOLE DU PÉRIGORD

Ses limites suivent une ligne de Ribérac à Brantôme, passent à Saint-Yrieix ; elles vont joindre la Vézère au-dessous de Brive, suivent le cours de cette rivière jusqu'à son embouchure, traversent la Dordogne sur ce point, se dirigent sur Aiguillon et suivent le cours de la Garonne.

Son influence s'étend, au nord, jusqu'à Angoulême, Limoges ; à l'est, jusqu'à Tulle, Brive, Souillac, Cahors ; au sud, jusqu'à Agen et aux rives de l'Adour.

98 ÉGLISE DE L'ANCIENNE ABBAYE DE BRANTÔME (Dordogne).

(XIe, XIIe ET XIIIe SIÈCLES.)

Clocher bâti vers le milieu du XIe siècle, sur le roc escarpé qui longe l'église ; il est sans communication avec elle. Construction savante, bien calculée, dans laquelle tout indique une origine latine : le système de construction, l'appareil, la forme des arcs.

Dessins de M. Abadie, architecte, auquel on doit la restauration du monument (1844-1853).

99 ÉGLISE DE LOUPIAC DE CADILLAC (Gironde).

(XIIe SIÈCLE.)

Façade d'un excellent style. — Clocher rebâti depuis peu.

Dessins de MM. Viollet-le-Duc et Abadie, architectes. Ce dernier a dirigé la restauration du monument (1844-1853).

100 MONUMENT SÉPULCRAL, A SARLAT (Dordogne).

Érigé en 1280 ; un des plus curieux édifices de ce genre.

Dessins de M. Abadie, architecte.

ÉCOLE AUVERGNATE

Ses limites remontent la Dordogne, un peu au-dessus de Souillac, à Orcival ; de là, elles se dirigent sur Moulins, en passant par Ebreuil et Saint-Pourçain, remontent la Loire, de Decize au Puy, suivent le cours de la Trueyre, vont joindre Rodez et descendent l'Aveyron jusqu'à Villefranche.

Son influence s'étend, au nord, jusqu'à Nevers ; à l'est, jusqu'aux rives du Rhône, ne dépassant pas l'Ardèche ; au sud, jusqu'à Toulouse ; à l'ouest, jusqu'à Agen et aux rives de la Vézère, Ussel, Néris, Bourbon-l'Archambault.

101 CLOITRE DE LA CATHÉDRALE DU PUY (Haute-Loire).

Ce cloître est un des plus anciens que nous possédions en France. Sa construction remonte en partie au xe siècle. Au xie siècle, il fut reconstruit sur trois côtés, mais une des galeries anciennes existe encore.

Photographies.

102 ÉGLISE DE SAINT-NECTAIRE (Puy-de-Dôme).

(XIe ET XIIe SIÈCLES.)

Nef remaniée au xiie siècle. L'ancien clocher central a été démoli à la fin du siècle dernier, le clocher actuel date du commencement de ce siècle.

Dessins de M. Bruyerre, architecte, auquel est confiée la restauration du monument.

103 ÉGLISE D'ORCIVAL (Puy-de-Dôme).

De la fin du XIe et du commencement du XIIe siècle. Clocher du commencement du XIIIe siècle. Les plans et les coupes paraissent avoir été tracés à l'aide de carrés. (*Voir la feuille sur laquelle ce travail est figuré.*)
Cette église n'est point orientée ; sa façade, au sud-ouest, est adossée au rocher.

Dessins de M. Bruyerre, architecte.

104 ÉGLISE DE CHATEL-MONTAGNE (Allier).

Narthex magnifique ajouté quelques années après la construction du monument qui est du XIIe siècle. Collatéraux de la nef voûtés en quart de cercle. Le clocher, largement ouvert sur trois de ses faces, présente un mur plein sur sa face ouest, et se trouve ainsi garanti de la neige qui tombe abondamment dans le pays.

Dessins de M. Millet, architecte ; restauration de M. Darcy, architecte (1872-1876).

105 ÉGLISE DE SAINT-SATURNIN (Puy-de-Dôme).

Du commencement du XIIe siècle, avec clocher de la même époque ; c'est la seule église romane auvergnate dans laquelle l'arrangement du clocher sur la croisée ait conservé ses dispositions primitives. Cette église possède une crypte, mais n'a jamais eu de chapelles rayonnantes. On voit les restes d'un cloître au midi.

Dessins de M. Bruyerre, architecte, auquel est confiée la restauration du monument.

106 MONUMENT SÉPULCRAL, A CHAMBON (Puy-de-Dôme).

Edifice du XIIe siècle, qui a été considéré, tantôt comme un baptistère, tantôt comme un monument sépulcral, mais qui a certainement servi de tombeau depuis le XIIe siècle, ainsi que des fouilles récentes l'ont fait voir.

*Dessins de M. Bruyerre, architecte, auquel on doit la res-
tauration de ce petit édifice.*

107 ÉGLISE SAINT-JULIEN, A BRIOUDE (Haute-Loire).

Edifice du xiie et du commencement du xiiie siècle. Le
chœur est de cette dernière époque ; mais les masses
de l'architecture et le système de construction sont
restés romans. Le style nouveau ne se fait sentir que
dans les détails de la sculpture et les profils. Traces
nombreuses de peintures.

Photographie.

108 ÉGLISE SAINT-MICHEL-D'AIGUILHE, AU PUY (Haute-
Loire).

Monument dont la construction remonte à l'année 962. La
petite chapelle quadrangulaire, avec ses trois chapelles
demi-circulaires, doit être de cette époque. Au xie siècle,
lorsque la chapelle fut érigée en abbaye, on a dû ajouter
le clocher placé en avant de la nef.

Photographie.

109 CATHÉDRALE DU PUY (Haute-Loire).

Porche sud bâti vers 1150, présentant un exemple étrange
de l'emploi des étrésillons fixes dans la maçonnerie. On
voit une disposition de ce genre adoptée pour main-
tenir les claveaux des roses des deux fenêtres ouvertes
au-dessus des portes latérales de la façade de la cathédrale d'Amiens.

Photographie.

110 CROIX EN LAVE, A ROYAT (Puy-de-Dôme).

Du commencement du xvie siècle. Le socle provient d'une
autre croix de la même époque.

Dessin de M. Bruyerre, architecte.

ÉCOLE LANGUEDOCIENNE

Ses limites remontent le Gers, s'étendent le long des Pyrénées et jusqu'en Aragon ; au nord, elles suivent une ligne qui, au-dessus d'Agen, longe l'Aveyron jusqu'à Saint-Antonin, puis va joindre le Tarn à Albi, remonte cette rivière et suit le cours de l'Hérault.

Son influence, au nord, s'étend jusqu'à Montpezat, Vareins, Rodez, Marvejols, Mende ; à l'est, elle passe quelque peu sur la rive gauche de l'Hérault ; à l'ouest, jusqu'à Bayonne ; au sud, jusqu'en Aragon.

111 ÉGLISE DE L'ANCIENNE ABBAYE DE SAINT-SERNIN,

A TOULOUSE (Haute-Garonne).

Le plus vaste édifice du midi de la France, XIIe siècle ; Clocher du XIIIe siècle. Façade inachevée. Nef rebâtie au XVe siècle, suivant les données primitives. Belle sculpture, fragments importants d'un édifice plus ancien. Crypte rebâtie au XIVe siècle et mutilée depuis peu. — Style auvergnat développé.

Dessins de M. Viollet-le-Duc, architecte, auquel on doit la restauration du monument (1861-1876).

112 CHAPITEAUX ROMANS PLACÉS DANS LE MUSÉE DE TOULOUSE.

113 ÉGLISE DE L'ANCIENNE ABBAYE DE CONQUES (Aveyron).

Grande église des XIe et XIIe siècles, dont le style rappelle beaucoup celui de Saint-Sernin, de Toulouse.

Dessins de M. Formigé, architecte, auquel est confiée la restauration du monument.

114 ÉGLISE ET CLOITRE DE L'ANCIENNE ABBAYE DE MOISSAC (Tarn-et-Garonne).

Narthex du xie siècle ; porche du xiie siècle ; nef du xive siècle. Le porche est l'un des plus remarquables de ceux élevés sous l'influence des deux écoles du Limousin et du Périgord. Sa structure est d'un grand intérêt pour l'histoire de l'art ; elle date de deux époques assez rapprochées l'une de l'autre, du commencement et du milieu du xiie siècle.

Le cloître se compose de fragments d'un monument du xiie siècle reposés lors de la reconstruction des bâtiments claustraux, vers le commencement du xiie siècle, quelques années avant l'époque où l'abbaye de Moissac se soumit à la règle de Cîteaux. C'est ce qui explique la richesse des sculptures des chapiteaux et piliers qui ne s'accordent pas avec la réforme que saint Benoît imposa aux constructions monastiques.

Dessins de M. Viollet-le-Duc, architecte, et photographies.

115 ANCIENNE ÉGLISE ABBATIALE DE SAINT-MARTIN DU CANIGOU (Pyrénées-Orientales).

Construite dans les premières années du xie siècle. Clocher fortifié au-dessus de l'entrée de l'abbaye, crypte aussi vaste que la nef.

Dessins de M. Formigé, architecte.

116 ÉGLISE DE LESCAR (Basses-Pyrénées).

Ancienne cathédrale ; édifice très-mutilé de la fin du xie siècle ; des restes d'une magnifique mosaïque, exécutée par les ordres de Guy, évêque, de 1115 à 1141, se voient encore dans le sanctuaire.

Dessins de M. Lafollye, architecte.

117 ÉGLISE DE SAINT-AVENTIN (Haute-Garonne).

Édifice remarquable du xiie siècle, ayant conservé une très-belle grille et un curieux bénitier qui remontent à l'époque de sa construction.

Dessins de feu Laval, architecte.

118   ÉGLISE DE THINES (Ardèche).

Édifice qui offre un mélange très-curieux de l'architecture de l'Auvergne avec celle de la Provence.

Dessins de feu Laval, architecte.

119   ÉGLISE DU MAS-D'AGENAIS (Lot-et-Garonne).

Édifice des Xe et XIe siècles détruit, à l'époque des Albigeois, reconstruit au XIIIe siècle avec les fragments anciens, puis dévasté et brûlé pendant les guerres de religion du XVIe siècle. Il reste encore de la primitive église l'abside avec les deux petites chapelles circulaires du transept. La nef, dont la construction est très-grossière, n'a d'intéressant que les chapiteaux très-remarquables des piliers.

Dessins de M. Viollet-le-Duc, architecte.

120   ÉGLISE SAINT-SABIN, A VILLEFRANCHE DU QUEYRAN

(Lot-et-Garonne).

Édifice dont il ne reste que le chœur qui date du XIe siècle ; ruine curieuse par la disposition de son plan et par ses détails.

Dessins de M. Viollet-le-Duc, architecte.

121   ÉGLISE ABBATIALE DE FONTFROIDE, PRÈS NARBONNE

(Aude).

Église cistercienne de la fin du XIIe siècle — au bas-côté sud, chapelle pratiquée au XVe siècle. Cloître assez bien conservé sur lequel s'ouvre une belle salle capitulaire.

Dessins de M. Viollet-le-Duc, architecte.

122   CLOITRE D'ELNE (Pyrénées-Orientales).

Le mélange de colonnettes et de chapiteaux du XIIe siècle avec des piles, chapiteaux et colonnettes du XIVe siècle, indique évidemment que ce cloître a été reconstruit comme la plupart des galeries romanes non voûtées qui, dès le XIIIe siècle, furent démontées pour être

remplacées par des galeries couvertes de voûtes d'arête.
Chose digne de remarque, les derniers constructeurs
se sont efforcés de se rapprocher, autant qu'ils le pou-
vaient, du style adopté par les architectes du premier
cloître. On peut se rendre compte de cet effort et de
l'influence des arts romans en plein xɪvᵉ siècle, en
examinant les colonnettes appartenant aux deux époques.
Comme sculpture, le cloître d'Elne est le plus riche de
tous ceux qui existent de nos jours dans cette partie de
la France.

Photographies.

LANGUEDOC

(*Époque ogivale.*)

123 COUVENT DES JACOBINS, A TOULOUSE (Haute-Garonne).

Un des plus beaux exemples de construction en briques
du moyen âge.
L'église, bâtie vers la fin du xɪɪɪᵉ siècle, présente une
disposition remarquable ; elle se compose d'un seul
vaisseau divisé en deux nefs par une rangée de longues
colonnes posées sur l'axe de ce vaisseau. A l'origine,
elle était complétement dépourvue de chapelles ; celles
des nefs comme celles du rond-point ne furent élevées
que pendant les xɪvᵉ et xvᵉ siècles. L'intérieur était décoré de très-belles peintures, aujourd'hui en partie détruites.
Le monastère des Jacobins de Toulouse a été, pendant
longtemps, occupé par un quartier d'artillerie et a eu
beaucoup à souffrir de cette occupation.

Dessins de M. Viollet-le-Duc, architecte.

124 ÉGLISE DE L'ANCIENNE ABBAYE DE SIMORRE (Gers).

Petite église du xɪvᵉ siècle, bâtie en briques et entièrement fortifiée. Jolis vitraux des xvᵉ et xvɪᵉ siècles.
Dans le chœur, stalles très-intéressantes du xvᵉ siècle.

Dessins de M. Viollet-le-Duc, architecte.

125 ÉGLISE SAINT-NAZAIRE, A CARCASSONNE (Aude).

(ANCIENNE CATHÉDRALE.)

L'un des plus remarquables édifices du Midi de la France ; la nef date de la fin du xi⁰ siècle (1096), le chœur, le transept et ses chapelles élevées au commencement du xive siècle, sont un spécimen de la plus élégante architecture de cette époque. Magnifiques vitraux du xive siècle. Restes de peintures de la même époque.

Dessins de M. Viollet-le-Duc, architecte, auquel on doit la restauration du monument (1840-1867).

126 TOMBEAU DANS LE CLOITRE DE L'ÉGLISE SAINT-SALVY, A ALBI (Tarn).

Seconde moitié du xiiie siècle. On retrouve encore les traces des peintures qui recouvraient entièrement l'architecture et la statuaire de ce tombeau.

Dessins de M. Viollet-le-Duc, architecte.

ÉCOLE MIXTE

(*Périgord*, *Auvergne*, *Languedoc*)

127 ÉGLISE DE L'ANCIENNE ABBAYE D'AUBAZINE (Corrèze).

Construite au xiie siècle, remarquable surtout par son plan qui présente la disposition assez rare de six chapelles orientées donnant sur le transept.
Au xviiie siècle, la nef a été réduite de près de moitié. Dans le bras droit du transept se trouve le tombeau de Saint-Etienne, fondateur de l'abbaye, l'une des œuvres les plus remarquables du xiiie siècle.

Dessins de M. Abadie, architecte.

ÉCOLE PROVENÇALE

Ses limites suivent une ligne qui, de Vienne, se dirige sur Privas, Uzès, Alais, Montpellier, d'une part, et, de l'autre, va joindre le Rhône à Vienne, passe par Saint-Chef, de là descend le long de la vallée du Rhône, franchit la Drôme, joint la Durance à Sisteron et se dirige sur Fréjus par Digne.

Son influence s'étend, au nord, jusqu'à Lyon ; à l'ouest, jusqu'aux sources de la Loire et de l'Allier, pour se diriger en ligne droite jusqu'à Béziers ; à l'est, jusqu'à Grenoble, Gap et le bas Var.

128 ANCIENNE ÉGLISE SAINT-PIERRE, A VIENNE (Isère).

Le plan de cette église est celui d'une basilique à une nef transformée au XIIᵉ siècle par l'addition de piliers qui la divisèrent en trois nefs. Les murs latéraux, construits en petits matériaux, mélangés d'incrustations de briques, portent tous les caractères d'une construction antérieure au IXᵉ siècle. Le clocher est du XIIᵉ siècle, ainsi que le narthex qui le précède. L'abside est à peu près de la même époque ; la chapelle Notre-Dame, placée derrière cette abside, est un peu antérieure.

Dessins de M. Questel, architecte. — Travaux de restauration exécutés sous la direction de feu Constant-Dufeux (1854-1871).

129 ÉGLISE DE SAINT-GABRIEL (Bouches-du-Rhône).

Construction du IXᵉ siècle, remarquable par ses détails copiés sur les monuments romains du Bas-Empire.

Les appareils des murs et des voûtes sont couverts de nombreux sigles, de pointillés de tout genre et de tailles en fougère. Il est l'œuvre des maîtres ès-pierres PONCIVS et VGO, artistes caroliens, constructeurs de nombreux édifices religieux dans la Provence, le Comtat et le Dauphiné.

Dessins de M. Révoil, architecte.

130　ANCIENNE ÉGLISE ABBATIALE DE SAINT-MARTIN-D'AINAY, À LYON (Rhône).

Petite église dont quelques parties sont très-anciennes et datent du IXᵉ siècle. Clocher du XIᵉ siècle. Abside de la même époque. Edifice qui a subi beaucoup de remaniements. L'abside, sans collatéral, appartient au style auvergnat.

Dessins de M. Questel, architecte, auquel on doit la restauration du monument (1854-1861).

131　ÉGLISE DE BOURG-SAINT-ANDÉOL (Ardèche).

Cette église, dont la construction est attribuée au XIᵉ siècle, offre un très-grand intérêt par les détails de son architecture. Une abside existait autrefois sur la façade ouest, regardant celle du chœur. Cette particularité, qui appartient aux églises romanes des bords du Rhin, se reproduisait dans cette contrée de la France, car on la retrouve à l'église de la Garde-Adhémar, située à quelques kilomètres de l'autre côté du Rhône.
Le caractère du monument a été gravement altéré à l'intérieur par des travaux exécutés sans autorisation, il y a quelques années. Sa restauration a été reprise par M. Révoil.

Dessins de M. Révoil et feu Manguin, architectes.

132　ANCIENNE ABBAYE DE SAINT-TROPHIME, A ARLES (Bouches-du-Rhône). — PORTAIL DE L'ÉGLISE ET CLOITRE.

La porte de l'église de Saint-Trophime date de la fin du XIIᵉ siècle. Comme structure, comme profils et comme ornementation, elle est toute romano-grecque-syriaque ; comme statuaire, elle est gallo-romaine avec une influence byzantine prononcée.
Le cloître est un des plus beaux monuments du Midi de la France. Son plan est un quadrilatère irrégulier. Deux de ses galeries datent du XIIᵉ siècle ; les deux autres appartiennent, l'une au XIIIᵉ et l'autre au XIVᵉ siècle. On sent dans ses riches sculptures, aussi bien que dans ses profils, l'influence des arts de l'antiquité romaine.

Photographies.

133 ANCIENNE ÉGLISE ABBATIALE DE SAINT-GILLES
(Gard).

La construction de cet édifice a été commencée en 1116.

Le chœur, le transept et le portail appartiennent sans aucun doute à la deuxième moitié du xiie siècle, pendant laquelle le style byzantin atteignit son plus haut degré de perfection.

Il ne reste aujourd'hui de l'œuvre du xiie siècle que la portion du transept gauche où se trouve la fameuse *vis*, et l'admirable portail occidental dont la sculpture, due au ciseau de maître BRVNVS (*Signature découverte par M. Révoil*), présente un des exemples les plus complets de l'école des statuaires de cette époque en Provence.

La crypte, des plus curieuses, est, en partie du moins, antérieure à la fondation de l'église.

Dessins de M. Questel, architecte.

134 ÉGLISE DES SAINTES-MARIES (Bouches-du-Rhône).

Cette église, dont la construction remonterait au commencement du xiie siècle, est terminée par une abside ornée des plus élégants chapiteaux. Quelques-unes de ces sculptures reproduisent exactement des types du cloître de Saint-Trophime, et paraissent être l'œuvre des mêmes artistes.

Cette église est fortifiée ; mais les créneaux et mâchicoulis qui la couronnent appartiennent à une époque postérieure

Sous l'abside se trouve une crypte, premier asile des Saintes-Maries, d'après la tradition ; sur cette abside s'élève une chapelle haute, où sont déposées leurs reliques. Ces trois sanctuaires superposés offrent une disposition particulière et des plus intéressantes.

Dessins de M. Questel, architecte.

135 ÉGLISE DE L'ANCIENNE ABBAYE DU THORONET (Var).

L'église et le cloître, construits en pierre dure, sont antérieurs à la fin du xiie siècle. Leur plan est presque le même que celui des abbayes de Silvacane et de Senanque qui appartenaient également aux Cisterciens.

Ces édifices se font remarquer par une extrême simplicité. La salle capitulaire et le lavabo, sorte de pavillon
en saillie dans le préau du cloître, sont les particula-
rités les plus intéressantes de l'abbaye du Thoronet.

Dessins de M. Questel, architecte.

**136 ÉGLISE SAINTE-MARTHE, A TARASCON (Bouches-
du-Rhône).**

Cette église, construite en 1187 sur l'emplacement d'un
édifice plus ancien, a été restaurée ou plutôt rebâtie à
la fin du xive siècle.
L'intérieur de l'église, le remaniement de la crypte placée
dans la partie antérieure de la nef et le clocher sont de
cette dernière époque. De la construction du xiie siècle,
il ne reste aujourd'hui que le portail du midi qui, après
ceux de Saint-Trophime et de Saint-Gilles, est le plus
important et le plus riche de nos contrées méridiona-
les. Il était décoré d'une suite de bas-reliefs très-curieux
qui ont été détruits en 1793 et dont la description est
conservée dans la bibliothèque de la ville.

Dessins de feu Laval, architecte.

**137 CLOITRE DE L'ANCIENNE ABBAYE DE MONTMAJOUR,
A ARLES (Bouches-du-Rhône).**

Ainsi qu'une partie de l'église à laquelle il se rat-
tache, ce cloître date du xiie siècle. Son ordonnance
architecturale, malgré sa simplicité, est des plus remarquables. La sculpture des chapiteaux des colonnes
est de deux époques : les uns, dont l'ornementation
est simple, mais d'une belle exécution, remontent à la
fondation du cloître ; les autres, représentant divers
sujets tirés de l'Evangile, sont du xive siècle.

Dessins de M. Révoil, architecte.

138 ÉGLISE DE LA GARDE-ADHÉMAR (Drôme).

Ce monument, de la fin du xiie siècle, offre, par le style
de son architecture, une grande analogie avec les
églises de Saint-Paul-Trois-Châteaux et de Saint-Resti-
tut qui sont de la même époque et dont il est peu éloi-
gné. Il se distingue de ces deux édifices par la pré-

sence d'une abside occidentale, disposition que nous
avons déjà signalée dans l'église de Bourg-Saint-Andéol,
mais qui ne se voit guère que sur les bords du Rhin.

Dessins de M. Questel, architecte.

139 ÉGLISE ET CRYPTE DE SAINT-LAURENT, A GRENOBLE (Isère).

L'Église offre peu d'intérêt dans son ensemble, à l'exception de l'abside qui date du xiie siècle, mais la crypte
mérite au plus haut degré d'attirer l'attention. L'époque de
sa construction paraît devoir être fixée au viie siècle.
Indépendamment de sa disposition toute particulière, on
y remarque des colonnes provenant de monuments romains.

Dessins de feu Manguin, architecte.

140 ÉGLISE DE SAINT-RESTITUT (Drôme).

Ce monument, l'un des plus curieux du midi de la France
offre des spécimens des architectures mérovingienne,
carlovingienne et du xiie siècle. Il se compose d'une
sorte de construction carrée, œuvre de la fin du viiie siècle,
ornée à l'extérieur d'une frise des plus curieuses, représentant le Christ dans sa partie centrale et des sujets de
chasse. Au ixe siècle, V G O, le maître ès-pierre de nombreux édifices méridionaux, surmonta d'une coupole cette
construction et vint y accoler une nef semblable à celle
de Notre-Dame-des-Doms, d'Avignon; puis au xiie siècle,
on restaura la partie supérieure des voûtes et de l'abside
détruites sans doute par les Sarrasins. Un porche rappe-
lant l'ordonnance architecturale de la chapelle de Saint-
Gabriel forme l'entrée de cette église.

Dessins de M. Questel, architecte.

141 CAMPANILE DE L'ÉGLISE SAINT-THÉODORIT, A UZÈS (Gard).

(ANCIENNE CATHÉDRALE.)

Le clocher est une des plus élégantes tours rondes du xiie siècle.
Il y a dans son ordonnance architecturale une sorte de
ressemblance avec les tours italiennes, celle de Pise
principalement.

Dessins de feu Laval, architecte, qui a consolidé ce monument, enchâssé depuis, en dehors de toute autorisation administrative, dans une façade moderne sans caractère.

142 ÉGLISE DE CHAMPAGNE (Ardèche).

Ancienne chapelle d'une abbaye de Bénédictins. De nombreux fragments antiques ont été employés dans sa construction.

Dessins de M. Baussan, architecte.

143 ÉGLISE SAINT-BARNARD, A ROMANS (Drôme).

(ANCIENNE COLLÉGIALE.)

Ce monument construit à deux époques différentes, porte l'empreinte bien tranchée de deux styles d'architecture. Les parties basses de la nef, plusieurs portes, le cloître et divers fragments appartiennent à la période romane; le chœur et les transepts sont entièrement gothiques ainsi que les parties supérieures de la nef.

Dessins de M. Questel, architecte.

144 CATHÉDRALE DE VIVIERS (Ardèche).

Église à une seule nef, possédant un clocher de l'époque carolingienne dont le premier étage forme une chapelle intéressante au point de vue de sa disposition et de son ornementation. Cette chapelle, dans sa partie centrale, est surmontée par une coupole, œuvre de *Salardus*, et couverte de sigles, de pointillés, — plusieurs de ses appareils sont ornés de frises, de rinceaux, d'animaux de chasse, assez finement sculptés, sans ordre aucun, et comme par pure fantaisie. Ces caractères remarquables ont été découverts et signalés par M. Révoil.

Dessins de feu Laval, architecte.

ÉCOLE PICARDE

Peu caractérisée; elle suit le cours de la Somme, s'étend dans les Flandres, au nord; au sud, elle se fait sentir jusqu'à Beauvais, puis jusqu'aux rives de l'Aisne vers Rethel; on en trouve des traces sur la Meuse au-dessous de Mézières.

145 ÉGLISE DE LILLERS (Pas-de-Calais).

Cet édifice date de 1043; mais les parties existantes sont du XIIᵉ siècle, sauf les bas-côtés reconstruits aux XVᵉ et XVIIIᵉ siècles, les voûtes de la grande nef refaites au XVIIIᵉ siècle et l'énorme tour élevée sur le transsept en 1821. L'église de Lillers est le seul monument du XIᵉ siècle qui se soit conservé à peu près intact au milieu des guerres qui ont désolé la Picardie pendant le moyen âge.

Dessins de M. E. Danjoy, architecte.

ÉCOLE NORMANDE

Ses limites suivent la rive gauche de la Seine, d'Évreux jusqu'à Rouen; de là elles se dirigent au nord, sur la côte. D'Évreux elles remontent l'Iton, descendent la Sarthe jusqu'à Alençon, passent à Domfront, Vire, Avranches, et à la baie du Mont-Saint-Michel.

Son influence se fait sentir, au nord, jusqu'à Dieppe; au sud, jusqu'à Chartres, Nogent-le-Rotrou, Mamers; à l'est jusqu'à Mortain, Dol et Dinan.

Pendant le XIIIᵉ siècle, cette école conserve un caractère local tout en adoptant le nouveau style.

146 ÉGLISE DE LA TRINITÉ, A CAEN (Calvados).

(ANCIENNE ABBAYE AUX DAMES.)

Fondé par Mathilde, femme de Guillaume le Conquérant, en 1062, cet édifice a subi d'importants remaniements, des reconstructions partielles, même, à différentes époques. Les parties primitives qu'on peut regarder comme contemporaines de Mathilde, sont la crypte, la tour centrale jusqu'aux combles de l'église, le bas des clocher et des murs des transepts, et les murs latéraux de la nef ; la deuxième époque comprendrait les piliers de la nef et la partie supérieure des tours ; la troisième, une partie des murs des transepts (*triforium* aveugle) et le chœur ; enfin, la quatrième, les murs de la nef, à partir des arcs donnant dans les bas-côtés, les voûtes au-dessus, celles des transepts, ainsi que les colonnes engagées qui les supportent, et la zone correspondante du clérestory.

L'église de Mathilde, aussi bien que celle de la deuxième époque, toutes deux antérieures au XIIe siècle, étaient couvertes par une charpente apparente. Ces charpentes ont été brûlées ; la tour centrale porte encore des traces irrécusables de l'incendie. Au XIIe siècle, lorsque la nef fut couverte par des voûtes, on imagina, pour neutraliser la poussée de ces dernières : 1° de poser en porte à faux, de quelques centimètres à l'intérieur, la partie supérieure du mur de la nef, dans la hauteur du clérestory ; 2° d'établir des arcs-boutants destinés en même temps à remplacer les fermes de la charpente des bas-côtés.

Dessins de M. Ruprich-Robert, architecte, auquel on doit la restauration du monument (1856-1871).

147 ÉGLISE DE SAINT-LOUP-HORS-BAYEUX (Calvados).

Clocher du XIIe siècle, avec flèche en pierre de section quadrangulaire. L'abside carrée date du XIIIe siècle.

Dessins de M. de Baudot, architecte.

148 ÉGLISE SAINT-NICOLAS, A CAEN (Calvados).

Édifice du XIe siècle. Vers le XIIe siècle les absides furent couvertes de toitures coniques en pierre.

Les voûtes de la nef et de la croisée datent du XVe siècle.

Dessins de M. Ruprich-Robert, architecte.

149 ÉGLISE NOTRE-DAME-DU-PRÉ, AU MANS (Sarthe).

Nef du XIe siècle, remontée et voûtée au XIVe siècle sous l'ancienne charpente qui la couvrait.

Chœur du xiiie siècle. Style mixte français-normand.

Dessins de M. Darcy, architecte, auquel on doit la restauration du monument.

50 ÉGLISE D'OUISTREHAM (Calvados).

Nef du xiie siècle. — Le chœur et le clocher du xiiie siècle.

Malgré le mélange du plein cintre et de l'ogive, les moulures et la sculpture du chœur n'ont plus rien de commun avec le caractère roman.

Dessins de M. Ruprich-Robert, architecte, qui dirige la restauration du monument.

51 ÉGLISE D'AUTHEUIL (Orne).

(XIIe SIÈCLE.)

Le style de son architecture, intermédiaire entre le style normand et le style manceau, présente un des rares exemples de cette époque de l'art dans cette partie de la France.

Dessins de M. Ruprich-Robert, architecte.

52 ÉGLISE DE BERNIÈRES (Calvados).

Nef des xiie et xiiie siècles. — Chœur du xiie siècle. — Clocher du xiiie siècle.

Dessins de M. Ruprich-Robert, architecte.

53 ÉGLISE DE L'ANCIENNE ABBAYE D'EU (Seine-Inférieure).

Chœur de la fin du xiie siècle, remanié complétement au xve siècle. — Nef du xiiie siècle. — Crypte. — Style français dans le chœur et les transepts. — Style normand dans la nef.

Dessins de M. Viollet-le-Duc, architecte, qui dirige la restauration du monument, commencée en 1864.

154   ANCIENNE ABBAYE DE HAMBYE (Manche).

Sa fondation remonte à l'an 1145. Elle était ceinte de murs qui sont encore en partie debout. L'église paraît avoir été élevée au XIIIᵉ siècle. La salle des morts porte les caractères de l'architecture du XIIᵉ siècle. Les murs de cette salle ainsi que ceux de la salle capitulaire et du cloître étaient recouverts de peintures.

Dessins de M. Ruprich-Robert, architecte.

155   CHAPELLE DU SÉMINAIRE DE BAYEUX (Calvados).

Abside du XIIIᵉ siècle. Sa disposition a été copiée par l'architecte de l'église de Tour, dans le même département.

Dessins de M. A. de Baudot, architecte.

156   ÉGLISE DE TOUR (Calvados).

Abside de la fin du XIVᵉ siècle, dont la disposition est imitée de l'abside de la chapelle du séminaire de Bayeux, qui date du XIIIᵉ siècle.

Dessins de M. A Baudot, architecte.

157   ÉGLISE DE LANGRUNE (Calvados).

(XIIIᵉ SIÈCLE.)

Dessins de M. de la Rocque, architecte.

158   JUBÉ DE L'ÉGLISE DE L'ANCIENNE ABBAYE DE FÉCAMP (Seine-Inférieure).

Œuvre remarquable de la fin du XIVᵉ siècle, qui fermait autrefois le chœur des religieux bénédictins et qui a été détruite en 1804 ou 1805. Les fragments retrouvés en grand nombre dans les murs d'une maison de Fécamp, dans les jardins et dans les caves d'un industriel de la même ville, et les arrachements restés aux piliers de l'église ont permis à M. L. Sauvageot de reconstituer avec certitude les dispositions si originales et sans précédents connus de cet admirable jubé.

Dessins de M. L. Sauvageot, architecte.

NORMANDIE

(*Époque de la Renaissance*)

159 ÉGLISE DE LA FERTÉ-BERNARD (Sarthe).

Édifice du xvıᵉ siècle dans lequel les traditions gothiques sont conservées sous une nouvelle forme.

Dessins de feu Manguin, architecte.

160 ÉGLISE DE TILLIÈRES (Eure).
(XVIᵉ SIÈCLE.)

Dessins de feu Lambert, architecte.

161 ÉGLISE SAINTE-CATHERINE, A HONFLEUR (Calvados).

Grand édifice du xvıᵉ siècle, entièrement exécuté en charpente.

Le campanile ou clocher est complétement isolé de l'église.

Dessins de M. Millet, architecte.

ÉCOLE ANGEVINE

Ses limites sont mal définies ; elles passent, au nord, du Mans à Mayenne et à Fougères, suivent le cours de la Vilaine, remontent la Loire, traversent ce fleuve vers Nantes, comprennent Chemillé, Saumur, passent à Tours, englobent Blois pour remonter à l'est de Meung à Nogent-le-Rotrou.

Son influence s'étend, à l'est, jusqu'à Chartres, Châteaudun, Beaugency ; au sud, elle longe les bords de la Loire, en s'éloignant vers Cholet ; à l'ouest, elle s'éteint en Bretagne, et, au nord, se fond, entre Avranches, Alençon et Mortagne, avec l'école normande.

Les dessins des monuments de cette école ont paru trop incomplets pour pouvoir être exposés.

4

BRETAGNE

Cette contrée ne paraît pas, au XIIe siècle, posséder une école particulière.

L'architecture de cette province subit alors les influences du Poitou et de la Normandie.

162 ÉGLISE SAINT-SAUVEUR DE DINAN (Côtes-du-Nord).

Edifice du XIIe siècle, reconstruit en partie au XVe siècle, appartenant par l'architecture et par les détails à l'école languedocienne. C'est la seule église de la contrée ayant le caractère de l'architecture du Midi. Il ne reste plus de la première époque que la façade principale et la façade latérale du midi.

Dessins de M. Ruprich-Robert, architecte, qui dirige la restauration du monument.

163 JUBÉ DANS L'ÉGLISE DU FAOUET (Morbihan).

Porte cette inscription :

« L'an Mil IIIIcc IIIIxx (1480) fust faist cest œuvre par Le Loergan, ouvrier. »

Dessin de feu Lambert, architecte.

164 CALVAIRES DE PLEYBEN ET DE PLOUGASTEL-DAOULAS (Finistère).

Le calvaire de Pleyben a été bâti à la fin du XVIe siècle ou au commencement du XVIIe, comme la plupart des calvaires qu'on voit en Bretagne. Une date (1650) sur le contrefort nord-est paraît indiquer l'époque de l'exécution de la sculpture plutôt que celle de la construction du calvaire, dont les détails architectoniques se rapprochent beaucoup de ceux du beau clocher élevé en 1588 sur la façade latérale sud de l'église de Pleyben. Les nombreuses figures qui ornent le calvaire sont taillées dans du granit noir de Kersanton, près Brest ;

elles sont indépendantes de la construction, qui est en granit gris de Quimper.

Le calvaire de Plougastel a été élevé en 1602 dans le cimetière par le seigneur du lieu, en accomplissement d'un vœu.

Dessins de M. Corroyer, architecte, qui a restauré le calvaire de Pleyben en 1873.

165 CALVAIRES DE SAINT-THÉGONNEC, DE SAINT-VENEC ET DE QUILINEN (Finistère).

Le calvaire de Saint-Thégonnec porte la date de 1610.

Dessins de M. Corroyer, architecte.

---

166 TOMBEAU DU SECRÉTAIRE DE PHILIPPE LE BON, DUC DE BOURGOGNE, FILS DE JEAN SANS PEUR (DANS LA CATHÉDRALE DE BRUGES, Belgique).

Cette plaque tombale, dont la date est de 1500 et 1526, mais dont le caractère architectural remonte au xv siècle, est composée de plusieurs fragments jadis incrustés dans une dalle de marbre noir de Belgique. Elle est aujourd'hui incrustée dans un dallage plus moderne et en marbre blanc.

La richesse de la composition et de la disposition des couleurs fait particulièrement remarquer cette œuvre d'art dont il n'existe que fort peu d'exemples.

Les fonds de la plaque, gravés et burinés, sont remplis d'une composition très-dure formant émail et de couleur rouge, bleue, verte, noire et blanche : l'aspect général est d'un grand caractère ; le dessin (*grandeur d'exécution*), représente le monument tel qu'il était primitivement.

Dessin de M. Hügelin, architecte.

ARCHITECTURE MILITAIRE

---

167   REMPARTS DE LA CITÉ DE CARCASSONNE (Aude).

(VIe, XIIe, XIIIe siècles.)

Le plus remarquable spécimen de la fortification militaire au moyen âge. La cité de Carcassonne possède encore des tours datant de la domination visigothe, établies sur les restes de fortifications romaines, son château du XIIe siècle, l'enceinte extérieure élevée par saint Louis et les parties de la première enceinte élevées sous le règne de Philippe le Hardi.

En voie de restauration, depuis 1853, sous la direction de M. Viollet-le-Duc, auteur des dessins.

168   FORTIFICATIONS DE PROVINS (Seine-et-Marne).

Les constructions militaires de Provins appartiennent à la période du XIIe au XVe siècle, avec des remaniements ou des restaurations de la Renaissance. Le donjon, bâti sur le point culminant de la ville, date du milieu du XIIe siècle ; sa base fut terrassée au XVe siècle par les Anglais, pour recevoir probablement de l'artillerie.

Dessins de feu Garrez, architecte.

169   ANCIENNES FORTIFICATIONS ET PONT FORTIFIÉ DE VALENTRÉ, A CAHORS (Lot).

Les remparts de Cahors, qui datent des XIIe, XIIIe et XIVe siècles, renferment des tours carrées d'une belle disposition défensive.

La ville de Cahors n'a heureusement pas détruit son merveilleux pont de Valentré, l'un des plus beaux et des plus complets que nous ait légués le XIIIe siècle. Sa construction remonte à l'année 1251 et mérite d'être

étudiée. Ce pont, le mieux conservé des trois que possé-
dait la ville, se reliait à l'enceinte, commandait le
cours du Lot et battait les collines qui sont situées sur
la rive opposée.

Photographie.

170 TOUR ET PONT D'ORTHEZ (Basses-Pyrénées).

Ce pont, jeté sur le gave de Pau, entre la ville d'Orthez et
le faubourg de Départ, remonte au xiiie siècle ; il faisait
partie du système de fortifications de la ville dont il
défendait l'entrée au moyen d'un châtelet construit à son
extrémité et d'une tour élevée à son milieu et dominant
le château.

*Dessins de M. Paul Bœswillwald, architecte, qui a restauré
là tour et le pont en 1873.*

171 PALAIS DES PAPES ET REMPARTS, A AVIGNON
(Vaucluse).

Le palais des Papes, placé sur la déclivité méridionale du
rocher des Doms, que côtoie le Rhône, est l'une des plus
importantes constructions militaires du xive siècle et ne
fut jamais pris de vive force.

Pendant soixante années, de 1316 à 1376, il fut le siége de
la papauté française, qui fit élever, non-seulement cette
résidence, dont la masse formidable couvre une surface
de 6.400 mètres environ, mais encore toute l'enceinte
de la ville, dont le développement est de 4.800 mètres.
Les remparts d'Avignon furent élevés de 1348 à 1364.
D'importants travaux de restauration y ont été exécutés
sous la direction de M. Viollet-le-Duc, de 1863 à 1867.

Dessins de M. Viollet-le-Duc, architecte.

172 TOUR DE PHILIPPE LE BEL, A VILLENEUVE-LEZ-
AVIGNON (Gard).

Cette remarquable défense, qui fermait le pont Saint-
Bénézet du côté du Languedoc, en face des défenses de
la ville d'Avignon, fut commencée en 1307 par Rodolphe
de Meruel, architecte du roi Philippe le Bel, pour faire
respecter sur cette rive du Rhône les limites territoriales
du domaine royal.

Photographies.

4.

173 PORT DE LA ROCHELLE (Charente-Inférieure).

Les tours de la *Chaîne* et de *Saint-Nicolas*, reliées autrefois
par une immense arcature surmontée d'une galerie de
communication, et la tour de la *Lanterne*, qui a conservé
la flèche en pierre qui servait de phare, sont des constructions des xive et xve siècles.

Dessins de M. Lisch, architecte.

174 CHATEAU DE FALAISE (Calvados).

Donjon normand du xiie siècle, composé de bâtiments
quadrangulaires juxtaposés, renforcé pendant la domination anglaise, c'est-à-dire de 1418 à 1450, par une
grosse tour-réduit cylindrique, renfermant six étages,
couronnée par des mâchicoulis avec chemin de ronde.
Le crénelage supérieur et les combles n'existent plus
depuis les guerres de religion du xvie siècle.
Des travaux de consolidation y sont exécutés depuis 1864
sous la direction de M. Ruprich-Robert.

Dessins de feu Danjoy, architecte.

175 CHATEAU DE VITRÉ (Ille-et-Vilaine).

Elevé sur l'emplacement d'un château du xie siècle, le
château actuel est formé de constructions d'époques diverses, xie, xiiie, xive, xve, xvie siècles ; parties refaites
au xviie siècle.

*Dessins de M. Darcy, architecte, qui dirige la restauration
du monument depuis 1872.*

176 CHATEAU DE FOUGÈRES (Ille-et-Vilaine).

(XIIe siècle.)

Château élevé par Raoul II, sire de Fougères, sur l'emplacement d'une ancienne forteresse, prise et détruite, en
1166, par Henri II, roi d'Angleterre. Le connétable de
Clisson y avait ajouté un donjon formidable qui fut
démoli en 1630.

Photographies.

77 RUINES DU CHATEAU DE BOURBON-L'ARCHAMBAULT (Allier).

XIII⁰ et XV⁰ siècles. — Curieux moulin fortifié du XV⁰ siècle, annexé au château.

Photographies.

78 ABBAYE DU MONT-SAINT-MICHEL (Manche).

Cette abbaye, placée sur un rocher élevé de plus de 70 mètres au-dessus du niveau de la mer qui le baigne, était appelé, par sa position même, à devenir un point militaire important ; aussi occupe-t-elle le premier rang parmi les établissements qui présentent à la fois un caractère religieux et militaire.

Elle a été fondée au VIII⁰ siècle par Saint-Aubert, évêque d'Avranches, mais les constructions les plus anciennes qui se sont conservées jusqu'à nous ne remontent pas au delà du XI⁰ siècle.

L'église, commencée en 1020, a été achevée dans les premières années du XII⁰ siècle. Les trois premières travées de la nef ont été détruites en 1776 et le chœur, qui s'était écroulé en 1421, a été reconstruit de 1450 à 1510. De l'église romane, il ne reste que les transepts et quatre travées de la nef.

Les autres bâtiments de l'abbaye, détruits en grande partie par un incendie, ont été reconstruits au commencement du XIII⁰ siècle, selon la tradition bénédictine, mais sur un plan beaucoup plus vaste.

La Merveille date de ce temps, ainsi que la tour de la fontaine Saint-Aubert, avec l'escalier qui la reliait aux défenses extérieures de la Merveille. (1205-1260.)

A partir de cette époque, l'abbaye, devenue forteresse, s'étend à l'est où ses bâtiments forment la nouvelle entrée fortifiée complétée au XV⁰ siècle et au sud où s'élevèrent successivement, jusqu'au XVI⁰ siècle, les diverses constructions du logis abbatial avec ses dépendances.

Des bâtiments du XII⁰ siècle, il n'existe plus que les galeries superposées de l'Aquilon et du promenoir, une partie des cuisines et du réfectoire ancien, bâtis au nord de l'église par Roger II, de 1112 à 1122, et les constructions élevées, vers 1180, par Robert de Torigny, qui enveloppent les substructions de l'église romane à l'ouest. Les remparts qui entourent la ville furent élevés dans la deuxième moitié du XIII⁰ siècle, agrandis au XIV⁰ siè-

cle, complétés au xv° siècle et modifiés dans quelques
parties au xvi° siècle.

En vertu d'un décret du 20 avril 1874, l'abbaye du Mont
Saint-Michel, propriété de l'Etat, a été remise par l'administration des Domaines au service des Monuments
historiques, qui est chargé d'en assurer la conservation.

*Dessins de M. Corroyer. architecte, qui dirige les travaux
de restauration commencés depuis 1873.*

179 CHATEAU DE COUCY (Aisne).

Une des plus imposantes constructions de l'époque féodale, commencée par Enguerrand III, sire de Coucy.

Le caractère de la sculpture, les profils, ainsi que la construction, ne permettent pas de lui assigner une autre
date que celle de 1220 à 1230.

A la fin du xiv° siècle, la grande salle et les bâtiments d'habitation furent reconstruits par Louis d'Orléans, frère
de Charles VI. Le donjon est la plus belle construction
militaire au moyen âge. Une haute chemise de maçonnerie en protége la base du côté du dehors, et, entre cette
chemise et la tour, est un fossé de huit mètres de largeur entièrement dallé, dont le fond est à cinq mètres
en contre-bas du seuil de la poterne. Le donjon porte
trente-un mètres de diamètre hors œuvre sur soixante-
quatre mètres depuis le fond du fossé dallé jusqu'au
couronnement. Cette magnifique construction a été restaurée aux frais de l'Etat sous la direction de M. Viollet-le-Duc, de 1856 à 1864.

Photographies.

180 CHATEAU DE LOCHES (Indre-et-Loire).

Château construit sous l'influence normande, vers la
même époque que les châteaux d'Arques, de Montri-
chard, etc.

Au xiii° siècle, l'enceinte primitive, avec ses petites tours
pleines, fut renforcée par de grandes tours à becs ou
éperons, percées de meurtrières à trois étages. La grosse
tour demi-ronde, construite sous Louis XI, vint com-
pléter la défense au xv° siècle.

Dessins de M. Bruneau, architecte.

RESTES DU CHATEAU DE CRUAS (Ardèche).

Il ne subsiste de l'ancien château que la chapelle, de l'époque romane. Les mâchicoulis et créneaux qui couronnent cette chapelle, ainsi que les tourelles qui la flanquent aux quatre angles, sont des additions du XIIIᵉ siècle.

Photographies.

CHATEAU DE MONTLHÉRY (Seine-et-Oise).

Du célèbre château de Montlhéry, sur l'ancienne route de Paris à Orléans, qui joua un rôle important pendant le moyen âge, il ne reste que quelques pans de courtines et de tours appartenant au donjon situé au point culminant de la motte, et la grosse tour de ce donjon ; ces constructions ne remontent pas au delà de 1220. La grosse tour mesure 9 m. 85 de diamètre au-dessus du talus, et le niveau de sa plate-forme était à 35 m. environ au-dessus du seuil du donjon.

Dessins de feu Labrouste, architecte.

CHATEAU DE MONTBARD (Côte-d'Or).

Ce monument historique consiste aujourd'hui en une enceinte presque détruite ou modifiée dans le siècle dernier, et en une seule grosse tour ou donjon carré assez bien conservé. Cette construction paraît appartenir aux premières années du XIVᵉ siècle.

Dessins de M. Viollet-le-Duc, architecte.

CHATEAU DU VIVIER, A FONTENAY-TRÉSIGNY (Seine-et-Marne)

Date de la première moitié du XIVᵉ siècle. La chapelle, postérieure au reste de la construction, fut probablement commencée sous le règne du roi Jean et terminée sous Charles V.
Charles VI a habité ce château pendant sa démence.

Dessins de M. Darcy, architecte.

TOURS DE SISTERON (Basses-Alpes).

Ces tours, débris de l'ancienne enceinte, restées debout au milieu des promenades, appartiennent au XIVᵉ siècle

(1368). Menacées de destruction, elles ont pu être conservées, grâce à l'intervention de la Commission des
Monuments historiques.

Photographie.

186 CHATEAU DE LAVARDIN (Loir-et-Cher).

Reconstruit vers la fin du xive siècle par Jean VII, comte
de Vendôme. Détruit en 1590, à l'époque des guerres de
religion.

Dessins de M. Auguste Breton, architecte.

187 CHATEAU DE L'ILE SAINT-HONORAT (Alpes-Mari-
times).

Forteresse élevée par les religieux pour se défendre contre les descentes des pirates. C'est une construction du
xive siècle, dans laquelle des fragments d'édifices plus
anciens ont été employés.

Dessins de M. Questel, architecte.

188 CHATEAU DE TARASCON (Bouches-du-Rhône).

Cette belle construction militaire du xve siècle, qui ne fut
achevée que sous le roi René d'Anjou, vers le milieu de
ce siècle, pour lui servir d'habitation, comprend de
très belles tours circulaires et carrées flanquant l'enceinte,
une élégante chapelle et de très belles salles. Ce château
sert aujourd'hui de prison.

Photographies.

189 CHATEAU DE PIERREFONDS (Oise).

Le château de Pierrefonds, à la fois le plus beau spécimen
de l'architecture féodale du xve siècle, en France, et
l'une des plus somptueuses résidences de l'époque, fut
élevé par Louis, duc d'Orléans, frère du roi Charles VI,
dans les premières années du xve siècle. A la suite d'un
siége soutenu en 1616, il fut démantelé par ordre du
Conseil du roi Louis XIII, alors âgé de 15 ans. On détruisit par la mine et par la sape la plupart des tours
et des courtines et la plus grande partie des logements.

La reconstruction de ce château a été entreprise en 18

sur les ordres de l'Empereur et sous la direction de
M. Viollet-le-Duc, auteur des dessins.

CHATEAU DE DIJON (Côte-d'Or).

Commencé sous Louis XI, en 1478, continué sous Charles VIII et terminé sous Louis XII, en 1512, est un des
exemples les plus remarquables et les plus complets de
l'architecture militaire de cette période. Il est très-intéressant à étudier aux deux points de vue militaire et
artistique. Sa démolition, commencée en 1870, a été heureusement interrompue.

Dessins de M. Ch. Suisse, architecte.

DONJON DE CHAMBOIS (Orne).

Ce donjon rectangulaire date du XIIe siècle, et s'élève intact jusqu'aux défenses supérieures qui furent remplacées au commencement du XIVe siècle par un parapet
avec mâchicoulis, créneaux et meurtrières, et belles
échauguettes sur les quatre contreforts d'angle.
A ce donjon est accolée une petite tour carrée, dans laquelle, au XIVe siècle, fut construit un escalier à vis.
La particularité la plus curieuse de ce donjon consiste en
un chemin de ronde supérieur qui, sous le crénelage,
mettait les quatre échauguettes et la petite tour en
communication les unes avec les autres sans qu'il fût
nécessaire de passer dans la salle centrale, occupée par
le commandant.

Dessins de M. Ruprich Robert, architecte. Photographies.

DONJON DU CHATEAU D'OUDON (Loire-Inférieure).

La tour d'Oudon servait de donjon à un château fort reconstruit à la fin du XIVe siècle (1392), sur la rive droite
de la Loire, et dont les restes sont assez bien conservés
pour permettre de se rendre compte de l'ensemble des
dispositions anciennes.

Dessins de M. Ruprich-Robert, architecte.

ARCHITECTURE CIVILE

***

193 HOTEL DE VILLE DE SAINT-ANTONIN (Tarn-et-Ga
ronne.)

> Edifice du milieu du XIIe siècle; il servait de halle à rez-de-
> chaussée; le passage d'une voie publique existait sous
> la tour qui servait de beffroi.
>
> Des cuvettes en faïence émaillée, incrustées dans la pierre
> ornaient certaines parties de la façade.
>
> *Dessins de M. Viollet-le-Duc, architecte.*

194 ANCIEN HOTEL DE VILLE D'ORLÉANS (Loiret).

> Commencé en 1442 et terminé en 1498, cet édifice présente
> un curieux spécimen de ce style de transition qui ca-
> ractérise le règne de Louis XII.
>
> Le beffroi, œuvre de Robin Galier, fut achevé en 1455. Un
> musée de sculpture et de peinture a été installé dans
> cet ancien Hôtel de ville.
>
> *Dessins de feu Vaudoyer, architecte.*

195 HOTEL DE VILLE DE CLERMONT (Oise).

> Édifice construit sous le règne de Charles IV le Bel de
> 1321 à 1328, en même temps que les fortifications de la
> ville, et qui est adossé à l'une des grosses tours de
> cette enceinte. Il était parfaitement disposé pour servir
> de quartier-général à la défense.
>
> *Dessins de M. Selmersheim, architecte, qui dirige la restau-
> ration du monument.*

196 HOTEL DE VILLE DE LA ROCHELLE (Charente-Inférieure).

Édifice de deux époques bien distinctes; l'enceinte avec la tour du beffroi date du xve siècle et le bâtiment principal a été reconstruit en 1605. Philibert Delorme passe pour l'avoir dessiné. L'escalier est terminé par une loge avec tribune où les échevins venaient prononcer les harangues. Cette tribune est surmontée d'une *impériale* qui abritait la statue du roi Henri IV, statue de grandeur naturelle et qui rendait exactement, selon d'anciens mémoires, les traits de ce grand roi, *le bien bon ami des Rochellois*, ainsi qu'il s'appelait lui-même. La statue primitive était en bois avec figure de cire.

Dessins de M. Lisch, architecte, qui dirige la restauration du monument, entreprise en 1872.

97 HOTEL DE VILLE DE COMPIÈGNE (Oise).

A été construit de 1505 à 1508. Louis XII aida de ses deniers à la construction de l'édifice qui fut achevé en 1655. Le plan primitif se composait d'une salle d'entrée donnant accès à l'escalier ou vis en pierre et à une grande salle des assemblées; ces dispositions se retrouvent au premier étage.

Dessins de M. Lafollye, sous la direction duquel d'important tants travaux de restauration viennent d'être exécutés.

98 BEFFROI DE CALAIS (Pas-de-Calais).

Fondé, dit-on, en 1295; mais la construction actuelle date du xve siècle. Il fut restauré à deux reprises, en 1609 pour la partie supérieure, en 1771 pour les détails de la tour; en 1868, des travaux malheureux n'ont fait que dénaturer le caractère de l'édifice.

Dessin de M. E. Danjoy, architecte.

99 PALAIS DES DUCS DE BOURGOGNE, A DIJON
(Côte-d'Or).

La partie la plus ancienne de ce palais encore existante est le rez-de-chaussée de la Tour-de-Bar, qui date du xiiie siècle. La partie haute de cette tour a été relevée à la fin du xive siècle. La sainte Chapelle, qui datait des xiiie et xive siècles, a été démolie en 1802.

Le palais proprement dit avec la grande tour de la Terrasse, commencée en 1363 par le roi Philippe-le-Hardi continuée en 1404 par Jean Sans Peur, fut achevé sous Philippe le Bon, de 1419 à 1467.
Belles constructions des cuisines et dépendances élevées vers 1445.

Dessins de M. Selmersheim, architecte, qui a dirigé la restauration des cuisines.

200 PALAIS DES DUCS DE LORRAINE, A NANCY

(Meurthe-et-Moselle).

Commencé par le duc René II vers 1476, il fut agrandi et embelli par le duc Antoine qui, de 1501 à 1508, fit refaire la façade sur la rue et terminer en 1512 la grande porte d'entrée.
Le musée Lorrain est aujourd'hui installé dans cet ancien palais.

Dessins de M. Bœswillwald, architecte, qui a dirigé la restauration du monument, aujourd'hui terminée.

201 TOUR DE JEAN SANS PEUR, A PARIS (Seine).

Cette tour, qui dépendait de l'hôtel des ducs de Bourgogne, a été bâtie par le duc Jean sans Peur dans les premières années du xve siècle.

Dessin de M. Bérard, architecte.

202 CHATEAU DE GIEN.

Ce château, bâti au xve siècle par Anne de Beaujeu, fille de Louis XI, appartient à l'époque de transition. Sa construction en pierre et en briques, et sa situation près des bords de la Loire, sur une plate-forme escarpée, lui donnent un aspect pittoresque. Il est occupé aujourd'hui par la Sous-Préfecture et le Palais de Justice.

Dessins de M. Lisch, architecte.

203 PALAIS GRANVELLE, A BESANÇON (Doubs).

Le palais Granvelle, construit de 1533 à 1540 par Nicolas Perrenot, seigneur de Granvelle, grand-Chancelier de l'Empereur Charles-Quint, peut être considéré comme un des spécimens les plus curieux de l'architecture de la Renaissance dans cette contrée. Le tracé des profils révèle une main très-exercée; la construction est soignée jusque dans les détails et très-consciencieuse.

La façade principale est presque entièrement construite en marbre du pays. L'emploi de matériaux sombres et résistants donne à cet édifice un aspect un peu triste et brutal.

Dessins de M. Bérard, architecte.

04 CHATEAU D'AMBOISE (Indre-et-Loire).

Commencement du XVIᵉ siècle. Les murs, tours et remparts, construits par Charles VII, existent encore en grande partie. Les deux grosses tours et la chapelle ont été bâties sous Charles VIII. Le corps de logis a été commencé par ce dernier et terminé par son successeur Louis XII. Ce château, propriété de la famille d'Orléans, est en voie de restauration sous la direction de *M. Ruprich-Robert, architecte, auteur des dessins.*

05 CHATEAU DE FLÉVILLE (Moselle).

Château du XVIᵉ siècle, démantelé au XVIIᵉ, à l'époque de la guerre de Trente ans entre la France et la Lorraine; le donjon paraît remonter au commencement du XIVᵉ siècle. Les fossés ont disparu et le château a subi de nombreuses transformations. Son aspect est très-pittoresque avec ses tourelles d'angles qui ont conservé leurs épis en plomb.

Dessins de M. Naples, architecte.

06 CHATEAU DE MAISONS-SUR-SEINE.

Construit dans une situation admirable par François Mansard, de 1642 à 1651, pour René de Longueil, président à mortier au Parlement de Paris. Dispositions larges et bien entendues.

Dessin de M. Formigé, architecte.

207 HOTEL-DIEU, A BEAUNE (Côte-d'Or).

Fondé en 1443, par Nicolas Rolin, Chancelier du duc de
Bourgogne, cet établissement est à peu près tel que le
xve siècle nous l'a laissé, bien qu'il soit construit en
grande partie en bois. La cour, bien proportionnée et
d'un aspect riant, possède encore son puits du xve siècle,
son lavoir et sa chaire. Ces bâtiments ont conservé leur
ancienne destination.

*Dessins de M. Maurice Ouradou, architecte, qui restaure en
ce moment la grande salle.*

208 ANCIEN HOTEL-DIEU, A ORLÉANS (Loiret).

Cet ancien Hôtel-Dieu du xvie siècle a été démoli en 1846,
malgré les efforts que la Commission des Monuments
historiques a faits pour obtenir sa conservation.

Dessin de feu Vaudoyer, architecte.

209 ANCIEN COLLÉGE DES BERNARDINS, A PARIS (Seine).

Son réfectoire, d'une architecture à la fois simple et monumentale, remonte au commencement du xive siècle;
il a subi des mutilations déplorables ; il sert aujourd'hui
de casernement à une compagnie de pompiers.

Dessin de M. Selmersheim, architecte.

210 ANCIEN COLLÉGE DE NAVARRE, A PARIS (Seine).

(Aujourd'hui compris dans les bâtiments de l'Ecole poly-
technique.)
Sa chapelle, de l'époque ogivale, sert aujourd'hui de salle
de cours.

Dessin de M. Naples, architecte.

211 HOTEL JACQUES CŒUR, A BOURGES (Cher).

Ce charmant édifice, l'un des plus remarquables spécimens
de l'architecture civile du xve siècle, élevé par l'argen-
tier du roi Charles VII, Jacques Cœur, dont il a gardé
le nom, a été converti en Palais de Justice.

La construction est partout traitée avec un soin extrême et la sculpture d'un charmant style. Les voûtes de la chapelle sont entièrement couvertes de peintures d'une bonne exécution et passablement conservées (*Voir l'article* PEINTURES MURALES).

La restauration de cet hôtel, exécutée aux frais de la ville et sans la participation de l'Etat, a été dirigée par M. Bailly, architecte.

Photographies.

12 HOTEL DE VAULUISANT, A TROYES (Aube).

Guillaume Hennequin, qui vivait dans la seconde moitié du XVIe siècle, acquit l'immeuble et fit construire le pavillon et ses deux tourelles. Cet hôtel, remarquable par son plan, est un des plus intéressants spécimens de l'architecture civile du XVIe siècle.

Dessins de feu Garrez, architecte.

13 HOTEL DE CARNAVALET, A PARIS (Seine).

Commencé par Jean Goujon et par Jean Bullant, pour le président des Ligneris, continué par Ducerceau, achevé par François Mansard.

Sculptures admirables de Jean Goujon.

Dessins de M. Paul Gout, architecte.

14 MAISON ROMANE, A SAINT-GILLES (Gard).

Cette construction du XIIe siècle rappelle, par son appareil, les édifices romains du voisinage. Elle a été acquise par l'Etat et restaurée par M. Révoil, architecte.

Dessin de M. Questel, architecte.

15 MAISON DES MUSICIENS, A REIMS (Marne).

Cette maison, dont le rez-de-chaussée est fort mutilé, a conservé intact son premier étage sur la voie publique. Le comble ancien avec ses mansardes a disparu. La construction est simple, l'ornementation riche, les figures de musiciens assis sont du meilleur style champenois.

Dessin de M. Bœswillwald, architecte.

216 MAISONS ANCIENNES, A PROVINS (Seine-et-Marne)

La maison donnant sur la rue de Paris appartient à la
première moitié du XIIIᵉ siècle. Cette construction, faite
avec beaucoup de soin et composée d'éléments très
simples, a cependant un caractère monumental.

Dessin de feu Garrez, architecte.

217 MAISONS ANCIENNES, A PERPIGNAN (Pyrénées-Orientales.)

Style aragonais (XVᵉ et XVIᵉ siècles).

Dessins de M. Formigé, architecte.

218 MAISONS ANCIENNES, A TROYES (Aube).

(XVᵉ et XVIᵉ siècles.)

Dessins de feu Garrez, architecte.

219 MAISON DE JEANNE D'ALBRET, A NAY (Basses
Pyrénées.)

La maison, dite de la reine Jeanne, est certainement, après
le château de Pau, le plus intéressant spécimen de l'architecture civile du XVIᵉ siècle en Béarn.

Dessins de M. Lafollye, architecte.

220 MAISON DITE DE DIANE DE POITIERS, A ORLÉANS
(Loiret).

Cette maison, dite de Diane de Poitiers, parce que cette
dernière y fut transportée après l'accident qui lui arriva
(en chevauchant de par la ville sur un palefroi) a été
bâtie par Pierre Chastel, évêque d'Orléans, sous Henri II.
Elle a été restaurée par M. Lisch et renferme aujourd'hui
le Musée archéologique.

Dessins de feu Vaudoyer, architecte.

221 MAISON DITE DE FRANÇOIS Iᵉʳ, A ORLÉANS (Loiret).

Cette maison a été bâtie en 1538 et décorée aux frais du
roi; tout fait supposer qu'elle a été construite pour rece

voir Anne de Pisseleu, duchesse d'Etampes, maîtresse de François Ier.

Dessins de feu Vaudoyer, architecte.

22 ANCIEN CIMETIÈRE DE MONTFORT-L'AMAURY
(Seine-et-Oise).

Le cimetière de Montfort-l'Amaury paraît être une inspiration des *Campo-Santo* d'Italie. Des têtes de mort sculptées en deux endroits à la rencontre des chapiteaux, une inscription latine, gravée en caractères gothiques, qui reproduit un passage de l'Ecriture parlant des morts et l'étude d'anciens textes relatifs à la ville, confirment que les galeries ne sont pas les restes d'un cloître, mais qu'elles ont été destinées, dès l'origine, à servir de charniers.

On y accède par une porte ogivale de la fin du xve siècle ou du commencement du xvie, encastrée dans le mur méridional et provenant d'un autre monument.

Dessin de M. Raulin, architecte.

MONUMENTS DE L'ALGÉRIE

(*Époque romaine*)

223 TEMPLE DE MINERVE, A TEBESSA (département de Constantine).

Beau monument dans le style corinthien, large de 8 mètres, long de 14 mètres, orné d'une frise et d'un attique sculptés.

Photographies.

224 ARC DE TRIOMPHE, A TÉBESSA (Département de Constantine).

Cet arc de triomphe est du genre de ceux appelés *quadrifrons* et date de l'an 211 à 213 après Jésus-Christ. Il est dédié à Septime Sévère, à Julia Domna, sa femme, et à Caracalla, son fils.

Photographies.

225 ARC ANTIQUE ET PRŒTORIUM, A LAMBESSA (Département de Constantine).

Photographies.

226 AQUEDUC DIT DE CHERCHELLO, PRÈS ZURICH (département d'Alger).

Photographies.

227 LE MADRACEN (entre Constantine et Batna).

Le Madracen est un grand corps de bâtiment circulaire de 600 pieds de circonférence. Soixante pilastres d'ordre toscan, hauts de 8 m. 33 c. avec leurs corniches, entourent l'édifice qui se termine en pyramide par trente-deux degrés en pierre de 0 m 66 c. d'élévation sur 0m 84 c. de largeur. La masse totale a près de 30m de haut.

Ce monument, suivant l'opinion la plus accréditée, aurait servi de tombeau aux rois de Numidie.

Le Madracen est encore inexploré ; des fouilles bien conduites pourront seules renseigner sur sa véritable destination.

Photographies.

228 TOMBEAU DE LA CHRÉTIENNE (KOBER ROUMIA), ENTRE KOLEA ET TIPAZA.

Edifice circulaire de 30 mètres de hauteur, dont le soubassement carré a 63 mètres sur chaque face. Le périmètre de la base du monument est orné, sur tout son développement, d'une colonnade de soixante demi-colonnes engagées, dans l'ordre ionique, divisées en quatre parties égales par quatre fausses portes répondant à peu près aux quatre points cardinaux et d'une hauteur, chacune, de 6 mètres 20 centimètres. Au-dessus commence une série de trente-trois degrés, hauts chacun de 58 centimètres, qui se réunissent graduellement en plan et donnent au monument l'aspect d'un cône tronqué.

Ce monument paraît avoir servi de sépulture à toute une famille de rois maures. Il est appelé le Tombeau de la Reine.

Photographies.

229 ENCEINTE DE TÉBESSA. (Département de Constantine).

La ville arabe de Tébessa s'élève vers la partie sud-ouest des ruines immenses de l'antique Théveste. L'ancienne muraille, encore debout, haute de 12 à 15 mètres, épaisse de 2 mètres, est percée de trois portes ; douze tours à deux étages flanquent cette muraille.

Photographies.

ARCHITECTURE DITE ARABE

---

230 ENCEINTE DE MANSOURAH (département d'Oran).

Le camp de Mansourah a été construit de 1299 à 1307 par Abou-Yacoub-Yousouf, sultan Mérinide du Maroc. Il fut démantelé et presque totalement détruit en 1310 et 1315 par les habitants de Tlemcen. Aboul-Hacen-Ali, petit-fils du fondateur, le restaura pour y loger ses troupes, de 1335 à 1337. Cette enceinte, avec ses tours nombreuses, ses courtines crénelées et ses portes, est encore visible sur un périmètre de plus de 5 kilomètres.

Photographies.

231 MOSQUÉE DE MANSOURAH, PRÈS TLEMCEN (département d'Oran).

Les murs extérieurs de cette mosquée sont seuls debout. On en retrouve encore complétement *le plan*, grâce aux fouilles faites par le service des bâtiments civils. Son enceinte occupait une surface de plus de 5,000 mètres carrés. Cet édifice était le plus vaste, le mieux ordonné, le plus riche des contrées qui forment aujourd'hui l'Algérie française.

Le minaret, construit en pierres de grand appareil, est le plus élevé, le plus richement décoré et le mieux conservé de tous les monuments analogues d'Afrique et d'Espagne. Une inscription, gravée au-dessus de la grande porte, indique que ce minaret est dû à la piété d'Aboul-Hacen-Ali (1335-1337).

Dessins de M. Duthoit, architecte. Photographies.

232 RUINES DE LA MOSQUÉE DE SIDI-BEN-ISSAK, DANS L'ANCIEN CIMETIÈRE DE SEMOUSE.

Ruines pittoresques d'une petite mosquée située entre Tlemcen et Bou-Médine.

L'une des arcades qui faisaient communiquer la salle couverte avec la cour a gardé sa décoration en briques, dont l'agencement est très-original. Cette construction peut remonter au XIVe siècle.

Photographies.

233 MINARET DE SIDI-BOU-MÉDINE, PRÈS TLEMCEN (département d'Oran).

Le minaret de Sidi-Bou-Médine fait partie d'une mosquée dont la construction est due à Aboul-Hacen-Ali (1339). De belles mosaïques de faïence, qui produisent un grand effet, couvrent presque entièrement la partie supérieure du minaret.

Dessin de M. Duthoit, architecte.

234 MINARET D'AGADIR, A TLEMCEN (département d'Oran).

Cette grande tour, aujourd'hui isolée, a été construite par Yarmoracen-ben-Zéyan, vers 1283, en grande partie avec des matériaux antiques. Le soubassement, composé de pierres de grand appareil, laisse apercevoir des inscriptions latines et des sculptures de l'époque de la décadence romaine.

Photographies.

235 ANCIEN PALAIS DE LA M'DERSA TACHFINYA, A TLEMCEN (département d'Oran).

Ancien divan et Mahakma du sultan Aboul-Hacen-Ali (1335 à 1340), fut presque entièrement détruit pendant les guerres de l'abdel Ouadite Abou-Hammou-Mouça contre les sultans Mérinides. Ce sultan fit installer dans ces ruines, grossièrement réparées vers 1370, une m'dersa, à laquelle il attacha le souvenir de son fils et successeur Abou-Tachfin II, en la dénommant M'Dersa Tachfinya. — Ce palais n'a conservé de remarquable que sa porte monumentale décorée de magnifiques mosaïques de faïence et de dallages très-riches dans quelques salles servant aujourd'hui de magasins.

Dessins de MM. Duthoit et Danjoy, architectes.

236 PORTE DE LA M'DERSA DE SIDI-BOU-MÉDINE, PRÈS TLEMCEN (département d'Oran).

Ce monument, en grande partie ruiné, n'a conservé de remarquable que la coupole en charpente apparente de la salle servant encore aujourd'hui d'école, et la porte d'entrée, décorée de très-belles mosaïques de faïence assez bien conservées. Une inscription de la coupole donne la date de la construction, 1339.

Dessin de M. Duthoit.
Photographies.

PEINTURES MURALES

---

237 PEINTURES DANS L'ÉGLISE DE SAINT-LOUP DE NAUD
(Seine-et-Marne).

(xᵉ siècle.)

1º·Sanctuaire, face latérale : *Les âmes reçues dans le sein d'Abraham.*

2º Conque absidale développée au centre : *Le Christ;* dans la zone supérieure : *Les quatre Symboles des Evangélistes;* dans les parties inférieures : *Les quatre fleuves du Paradis terrestre;* dans la zone intermédiaire : *Les douze Apôtres.*

Dessins de M. Lameire.

238 PEINTURES DANS LA CRYPTE DE LA CATHÉDRALE
D'AUXERRE (Yonne).

(xᵉ siècle.)

Dessins de M. Dénuelle.

239 PEINTURES DU RÉFECTOIRE DE L'ANCIENNE ABBAYE
DE CHARLIEU (Loire).

(xiiiᵉ siècle.)

Dessins de M. Denuelle.

240 PEINTURES DE LA CHAPELLE DU LIGET (Indre-et-
Loire).

Ces peintures datent du milieu du xiiᵉ siècle. Elles se trouvent dans une chapelle distante de quelques centaines de mètres de l'ancienne chartreuse du Liget,

construite au XIIe siècle ; il est probable que cette chapelle a fait autrefois partie du monastère.
Les sujets sont au nombre de six. Cinq seulement sont
bien conservés ; ils sont placés entre les sept fenêtres
de la partie circulaire du monument, et occupent à peu
près toute la hauteur de ces fenêtres.

Dessins de M. Savinien Petit.

241 PEINTURES DANS LA CATHÉDRALE DE CLERMONT
(Puy-de-Dôme).

(XIVe siècle.)

Dessins de M. Dauvergne.

242 PEINTURES DANS L'ÉGLISE SAINT-PHILIBERT DE
TOURNUS (Saône-et-Loire).

(XIIIe et XIVe siècles.)

Dessins de M. Denuelle.

243 PEINTURES DANS LA SAINTE-CHAPELLE, A PARIS
(Seine).

Peinture du fond d'un quatre-feuilles sous l'arcature du
banc du roi (XIIIe siècle).
Fac-simile fait en 1848 par M. Steinheil.

244 PEINTURES DANS L'ÉGLISE NOTRE-DAME-DES-DOMS,
A AVIGNON (Vaucluse).
(XIVe siècle.)

Ces peintures sont de Simon Memmi.
Dessins de M. Denuelle.

245 PEINTURES DANS LE PALAIS DES PAPES, A AVIGNON
(Vaucluse).
(XIVe et XVe siècles.)

Les peintures de la chapelle Saint-Jean sont de l'école du
Giotto ; celles de la chapelle Saint-Martial sont attribuées
à Thadeo Gaddi et à Giottino.

46 PEINTURES DANS LA CATHÉDRALE D'AUTUN (Saône-et-Loire).

(XVe siècle.)

Dessins de M. Denuelle.

47 PEINTURES DANS L'ÉGLISE DES CÉLESTINS, A AVIGNON (Vaucluse).

(XVe siècle.)

La légende de sainte Madeleine.
Dessins de M. Denuelle.

48 PEINTURES DANS L'HOTEL JACQUES CŒUR, A BOURGES (Cher).

Les peintures de la voûte de la chapelle remontent à la construction de l'hôtel (1442). Cette voûte, divisée par des nervures en douze triangles (quatre grands et huit petits,) présente, sur un fond d'azur constellé, des anges portant des phylactères avec des passages de l'Ecriture. Aux clefs de voûte, sont les armes de Jacques Cœur et de Marie de Leodepart, sa femme.

Cette œuvre est d'une importance capitale pour l'histoire de la peinture en France au XVe siècle.

Dessins de M. Denuelle, qui a fait la restauration de cette voûte.

49 PEINTURES DU PLAFOND DE LA GALERIE MAZARINE, A LA BIBLIOTHÈQUE NATIONALE.

(XVIIe siècle.)

Pendant le séjour du cardinal Barberini, son protecteur, Romanelli (Giovanni-Francesco) fit deux voyages en France. Pendant l'un d'eux, le cardinal Mazarin lui fit décorer les plafonds de son hôtel (aujourd'hui la Bibliothèque nationale) de diverses scènes mythologiques tirées des *Métamorphoses d'Ovide.*

MOSAIQUES

---

250   MOSAIQUES DE BIELLE, VALLÉE D'OSSAN (Basses-Pyrénées).

Ces mosaïques, d'époque gallo-romaine, découvertes en 1842 sont détruites à peu près complétement. Le style de la décoration est essentiellement romain; l'exécution, en petits cubes de pierre, de marbre et de brique, de 5 à 6 millimètres de côté, est parfaite.
Bielle était le siége d'une juridiction romaine; on y a trouvé des traces de temples et de thermes.

Dessin de M. Lafollye, architecte.

251   MOSAIQUES DE PONDOLY, PRÈS JURANÇON (Basses-Pyrénées).

Découvertes en l'an X, au milieu d'un établissement thermal gallo-romain et recouvertes presque aussitôt, ces mosaïques furent de nouveau mises au jour sur une surface importante en 1850. Depuis cette époque, sous l'influence des pluies et des gelées, la destruction de ce remarquable monument de l'art décoratif gallo-romain s'accomplit rapidement.

Dessin de M. Lafollye, architecte.

252   MOSAIQUE DE TARON (Basses-Pyrénées).

Ce fragment est le seul reste d'une surface de mosaïque gallo-romaine de 15 mètres carrés environ, mise au jour, en 1860, dans le cimetière de Taron et détruite en grande partie.
Exécutée sur une forme en béton rose, cette mosaïque

joint au mérite d'une bonne exécution, celui d'un dessin excellent.

Dessin de M. Lafollye, architecte.

253 MOSAIQUES DANS L'ANCIENNE CATHÉDRALE DE LESCAR (Basses-Pyrénées).

Epoque romane. — XIIᵉ siècle.

Ces mosaïques, mentionnées par Pierre de Marca (1640) dans son *Histoire de Béarn* et attribuées par lui à l'évêque Guz (1113-1141), qui fit achever la cathédrale, furent recouvertes et oubliées jusqu'en 1838, époque à laquelle les travaux exécutés dans le chœur les mirent de nouveau à découvert.

Ce sont les restes du pavage en mosaïques qui occupait toute l'abside et le centre du chœur de l'église de Lescar.

Dessins de M. Lafollye, architecte.

254 MOSAIQUES DANS L'ÉGLISE DE SORDES (Landes).

Epoque romane. — XIIᵉ siècle.

Découverte en 1869 dans l'église romane de Sordes, construite à la fin du XIᵉ siècle, et dont il ne reste que les absides, ces mosaïques sont précieuses en ce qu'elles semblent indiquer la transition du style roman. Le style byzantin y domine et les figures d'animaux de la rosace ont la forme allongée, type des figures héraldiques; aujourd'hui, il reste à peine la moitié des motifs mis à découvert en 1869.

Dessins de M. Lafollye, architecte.

255 MOSAIQUE DU CHŒUR DE L'ÉGLISE DE SAINT-BENOIT-SUR-LOIRE (Loiret).

Cette mosaïque, provenant de quelque monument antique, a été apportée d'Italie au XVIᵉ siècle par le cardinal Antoine Duprat, qui fit, à cette époque, exécuter des réparations importantes à l'église de Saint-Benoît. Elle est composée des marbres les plus rares, jaspes, porphyres et serpentines et posée sur un plan incliné. Son travail est extrêmement remarquable.

Dessin de M. Lisch, architecte.

256 VERRIÈRES DE LA SAINTE-CHAPELLE DE PARIS (Seine).

XIIIe siècle (1245-1248).

Fac-simile de panneaux de vitraux avant la restauration.

Dessins de M. Steinheil.

257 VITRAUX DE L'ÉGLISE DE MONTFORT–L'AMAURY (Seine-et-Oise).

Belles verrières du xve siècle ayant pour sujet divers épisodes de l'Ancien et du Nouveau Testament. Deux d'entre elles portent les dates de 1574 et 1578.

Photographies.

258 TAPISSERIES DANS L'ÉGLISE SAINTE-MARTHE DE TARASCON (Bouches-du-Rhône).

(XVe siècle.)

Dessins de feu Laval, architecte.

MOULAGES ET ESTAMPAGES EN PLATRE

provenant de monuments historiques.

~~~~~~

259 CATHÉDRALE DE PARIS. — La Vierge du tympan de la porte Sainte-Anne, XIIe siècle. (Collection de M. Geoffroy-Dechaume.)

260 CATHÉDRALE DE PARIS. — Tête dans le tympan de la porte Sainte-Anne, XIIe siècle. (Collection de M. Geoffroy-Dechaume.)

261 CATHÉDRALE DE PARIS. — Ornements de la porte Sainte-Anne, XIIe siècle. (Collection de M. Geoffroy-Dechaume.)

262 Porte du Jugement, cinquième cordon de la voussure (1re moitié du XIIIe siècle). (Collection de M. Geoffroy-Dechaume.)

263 CATHÉDRALE DE PARIS. — Porte du Jugement, une figure de martyr (1re moitié du XIIIe siècle). (Collection de M. Geoffroy-Dechaume.)

264 CATHÉDRALE DE PARIS. — Porte du Jugement, tête de saint Jean dans le tympan (1re moitié du XIIIe siècle). (Collection de M. Geoffroy-Dechaume.)

265 CATHÉDRALE DE PARIS. — Porte du Jugement, morceaux de peinture (1re moitié du XIIIe siècle). (Collection de M. Geoffroy-Dechaume.)

266 CATHÉDRALE DE PARIS. — Porte de la Vierge, tête du Christ (1re moitié du XIIIe siècle). (Collection de M. Geoffroy-Dechaume.)

267 CATHÉDRALE DE PARIS. — Porte de la Vierge, tête de la Vierge (1re moitié du XIIIe siècle). (Collection de M. Geoffroy-Dechaume.)
~~~~~~

268 CATHÉDRALE DE PARIS. — Porte de la Vierge et portail central, motifs de rinceaux (1re moitié du xiiie siècle). (Collection de M. Geoffroy-Dechaume.)

269 CATHÉDRALE DE PARIS. — Porte de la Vierge, cadre de la voussure (1re moitié du xiiie siècle). (Collection de M. Geoffroy-Dechaume.)

270 CATHÉDRALE DE PARIS. — Porte de la Vierge, un faucheur (1re moitié du xiiie siècle). (Collection de M. Geoffroy-Dechaume.)

271 CATHÉDRALE DE PARIS. — Portail nord, la Vierge, statue du trumeau (2e moitié du xiiie siècle). (Collection de M. Geoffroy-Dechaume.)

272 CATHÉDRALE DE PARIS. — Porte rouge. Assomption de la Vierge (2e moitié du xiiie siècle). (Collection de M. Geoffroy-Dechaume.)

273 CATHÉDRALE DE PARIS. — Porte rouge, motif de moulure, l'églantier (2e moitié du xiiie siècle). (Collection de M. Geoffroy-Dechaume.)

274 CATHÉDRALE DE PARIS. — Porte Saint-Marcel, bas-reliefs (2e moitié du xiiie siècle). (Collection de M. Geoffroy-Dechaume.)

275 CATHÉDRALE DE PARIS. — Porte Saint-Marcel, statue de saint Etienne (2e moitié du xiiie siècle). (Collection de M. Geoffroy-Dechaume.)

276 CATHÉDRALE DE PARIS. — Fragment de la façade, xiiie siècle. (Collection de MM. Corbel, Chervet et Delagoule.)

277 CATHÉDRALE DE PARIS. — Chapiteaux de la galerie des Rois xiiie siècle. (Collection de MM. Corbel, Chervet et Delagoule.)

278 CATHÉDRALE DE PARIS. — Ange du portail sud, xiiie siècle (Collection de MM. Corbel, Chervet et Delagoule.)

279 CATHÉDRALE DE PARIS. — Chapiteaux de la galerie du chœur, xiiie siècle. (Collection de M. Villeminot.)

280 CATHÉDRALE DE PARIS. — Portail occidental, motifs de feuillage, xiiie siècle. (Collection de M. Villeminot.)

281 CATHÉDRALE DE PARIS. — Groupe de chapiteaux des fenêtres de l'abside, xive siècle. (Collection de M. Villeminot.)

282 CATHÉDRALE DE REIMS. — Tête du Christ (1re moitié du xiie siècle). (Collection de M. Geoffroy-Dechaume.)

283 CATHÉDRALE DE REIMS. — Buste d'Ezéchiel, xiiie siècle. (Collection de MM. Corbel, Chevet et Delagoule.)

284 CATHÉDRALE DE REIMS. — Buste de sainte Anne, xiiie siècle. (Collection de MM. Corbel, Chervet et Delagoule.)

285 CATHÉDRALE DE REIMS. — Tête dite de *l'Ange au Clou*, xiiie siècle. (Collection de MM. Corbel, Chervet et Delagoule.)

286 CATHÉDRALE DE CHARTRES (Eure-et-Loir). Portail méridional, tête de reine, xiie siècle. (Collection de MM. Corbel, Chèrvet et Delagoule.)

287 CATHÉDRALE DE CHARTRES (Eure-et-Loir). Tête d'homme, xiie siècle. (Collection de MM. Corbel, Chervet et Delagoule.)

288 CATHÉDRALE DE CHARTRES (Eure-et-Loir). Porche royal, colonnettes du xiie siècle. (Collection de M. Geoffroy Dechaume.)

289 CATHÉDRALE DE CHARTRES (Eure-et-Loir). Porche royal, tête de Vierge (*ébauche*), xiie siècle. (Collection de M. Geoffroy Dechaume.)

290 CATHÉDRALE DE CHARTRES (Eure-et-Loir). Livres richement reliés, xiiie siècle. (Collection de M. Geoffroy Dechaume.)

291 CATHÉDRALE DE CHARTRES (Eure-et-Loir). Broderies de vêtements pontificaux. (Collection de M. Geoffroy Dechaume.)

292 CATHÉDRALE DE CHARTRES (Eure-et-Loir). Fragments du jubé et couronne de saint Denis. (Collection de M. Geoffroy Dechaume.)

293 CATHÉDRALE DE NEVERS (Nièvre). Chapiteaux, XIIIe siècle. (Collection de MM. Corbel, Chervet et Delagoule.)

294 CATHÉDRALE DE NEVERS (Nièvre). Vierge à l'Enfant, XIIIe siècle. (Collection de MM. Corbel, Chervet et Delagoule.)

295 CATHÉDRALE DE TROYES (Aube). Chapiteaux, XIIIe siècle. (Collection de MM. Corbel, Chervet et Delagoule.)

296 CATHÉDRALE DE BORDEAUX (Gironde). Figures d'Apôtres, XIIIe siècle. (Collection de M. Geoffroy Dechaume.)

297 CATHÉDRALE D'AMIENS (Somme). La Tête du Christ, première moitié du XIIIe siècle. (Collection de M. Geoffroy Dechaume.)

298 ANCIENNE CATHÉDRALE DE LAON (Aisne). Façade, porte latérale, bas-relief du linteau, représentant la Séparation des bons d'avec les méchants, au Jugement dernier; première moitié du XIIIe siècle. (Collection de M. Geoffroy Dechaume.)

299 ANCIENNE CATHÉDRALE DE LAON (Aisne). Façade, porte latérale, bas-relief du linteau, représentant la vie de la Vierge; première moitié du XIIIe siècle. (Collection de M. Geoffroy Dechaume.)

300 ANCIENNE CATHÉDRALE DE LAON (Aisne). Chapiteaux, XIIe siècle. (Collection de MM. Corbel, Chervet et Delagoule.)

301 ANCIENNE CATHÉDRALE DE LAON (Aisne). Chapiteaux, XIIIe siècle. (Collection de MM. Corbel, Chervet et Delagoule.)

302 ANCIENNE CATHÉDRALE DE NOYON (Oise). Cul-de-lampe de la salle capitulaire, XIIIe siècle. (Collection de MM. Corbel, Chervet et Delagoule.)

303 ANCIENNE CATHÉDRALE DE SENLIS (Oise). Grandes figures du portail, XIIe siècle. (Collection de M. Geoffroy Dechaume.)

304 ÉGLISE SAINT-MARTIN-DES-CHAMPS, A PARIS. Chapiteaux, XIIe siècle. (Collection de M. Geoffroy Dechaume.)

305 ÉGLISE SAINT-MARTIN-DES-CHAMPS, A PARIS. Chapiteaux, XIIe siècle. (Collection de MM. Corbel, Chervet et Delagoule.)

306 ÉGLISE SAINT-MARTIN-DES-CHAMPS, A PARIS. Grand crochet rampant, XVᵉ siècle.

307 ÉGLISE SAINT-NICOLAS-DES-CHAMPS, A PARIS. Motifs de feuillage dans la corniche, XVᵉ siècle. (Collection de M. Villeminot.)

308 ÉGLISE SAINT-NICOLAS-DES-CHAMPS, A PARIS. Crochets des fenêtres des bas-côtés de la nef, à l'extérieur, XVᵉ siècle. (Collection de M. Villeminot.)

309 ÉGLISE SAINT-GERMAIN-DES-PRÉS, A PARIS. Chapiteaux des bas-côtés du chœur, XIIᵉ siècle. (Collection de M. Villeminot.)

310 ÉGLISE DE VÉZELAY (Yonne). Chapiteaux, XIIᵉ siècle. (Collection de MM. Corbel, Chervet et Delagoule.)

311 ÉGLISE DE SAINT-LEU D'ESSERENT (Oise). Chapiteaux, XIIᵉ siècle. (Collection de MM. Corbel, Chervet et Delagoule.)

312 ÉGLISE DE POISSY (Seine-et-Oise). Statue de sainte Modeste, XIIIᵉ siècle. (Collection de MM. Corbel, Chervet et Delagoule.)

313 ÉGLISE DE POISSY (Seine-et-Oise). Chapiteaux, XIVᵉ siècle. (Collection de M. Geoffroy-Dechaume.)

314 ÉGLISE DE POISSY (Seine-et-Oise). Anges, XIVᵉ siècle. (Collection de M. Geoffroy-Dechaume.)

315 ÉGLISE DE CHALONS-SUR-MARNE (Marne). Chapiteaux, XIIᵉ siècle. (Collection de M. Geoffroy-Dechaume.)

316 ANCIENNE ABBAYE DE SAINT-DENIS (Seine). Figure du tombeau de Dagobert, le Songe, fin du XIIIᵉ siècle. (Collection de M. Geoffroy-Dechaume.)

317 ANCIENNE ABBAYE DE SAINT-DENIS (Seine). Colonne du portail occidental, XIIᵉ siècle. (Collection de M. Villeminot.)

318 ANCIENNE ABBAYE DE SAINT-DENIS (Seine). Chapiteau de l'ancien cloître, XIIᵉ siècle. (Collection de M. Villeminot.)

319 ANCIENNE ABBAYE DE SAINT-DENIS (Seine). Abaque de l'ancien cloître, XIIᵉ siècle. (Collection de M. Villeminot.)

320 ANCIENNE ABBAYE DE SAINT-DENIS (Seine). Rosace de la voûte de la nef, XIIIe siècle. (Collection de M. Villeminot.)

321 ANCIENNE ABBAYE DE SAINT-DENIS (Seine). Rosace de la voûte des bas-côtés, XIIIe siècle. (Collection de M. Villeminot.)

322 ANCIENNE ABBAYE DE SAINT-DENIS (Seine). Fragments de stalles provenant de la chapelle du château de Gaillon, XVIe siècle. Ces stalles, dont la restauration est confiée à MM. Villeminot et Ronsin, seront placées dans le chœur de l'ancienne abbaye de Saint-Denis. (Collection de MM. Villeminot et Ronsin.)

323 SAINTE-CHAPELLE DE PARIS. Chapiteaux du porche, XIIIe siècle. (Collection de MM. Corbel, Chervet et Delagoule.)

324 SAINTE-CHAPELLE DE PARIS. Frise de la chapelle haute, XIIIe siècle. (Collection de MM. Corbel, Chervet et Delagoule.)

325 SAINTE-CHAPELLE DE PARIS. Figure d'ange, dans la chapelle haute, XIIIe siècle. (Collection de MM. Corbel, Chervet et Delagoule.)

326 SAINTE-CHAPELLE DE PARIS. Ange, bas-relief, dans la chapelle haute, XIIIe siècle. (Collection de MM. Corbel, Chervet et Delagoule.)

327 ANCIENNE ABBAYE DE CLUNY (Saône-et-Loire). Tête d'amortissement, XIIIe siècle. (Collection de MM. Corbel, Chervet et Delagoule.)

328 ANCIEN CLOITRE SAINT-BENOIT, A PARIS. Morceau de frise, XVe siècle. (Collection de MM. Corbel, Chervet et Delagoule.)

329 ÉGLISE SAINT-PIERRE DE CAEN (Calvados). Chapiteaux, XVIe siècle. (Collection de MM. Corbel, Chervet et Delagoule.)

330 ÉGLISE DE LA FERTÉ-BERNARD (Sarthe). Panneau, XVIe siècle. (Collection de MM. Corbel, Chervet et Delagoule.)

331 CHAPELLE DU CHATEAU DE VINCENNES (Seine). Chapiteaux de la salle du Trésor, XIVe siècle. (Collection de MM. Barrion et Coquereau.)

332 CHAPELLE DU CHATEAU DE VINCENNES (Seine). Figure du portail, XIVe siècle. (Collection de MM. Barrion et Coquereau.)

333 CHAPELLE DU CHATEAU DE VINCENNES (Seine). Groupe du portail, XIVe siècle. (Collection de MM. Barrion et Coquereau.)

334 CHAPELLE DU CHATEAU DE VINCENNES (Seine). Gable, XIVe siècle. (Collection de MM. Barrion et Coquereau.)

335 CHAPELLE DU CHATEAU DE VINCENNES (Seine). Crochet, XIVe siècle. (Collection de MM. Barrion et Coquereau.)

336 CHAPELLE DU CHATEAU DE VINCENNES (Seine). Fragments de la voussure du portail, XIVe siècle. (Collection de MM. Barrion et Coquereau.)

337 CHAPELLE DU CHATEAU DE VINCENNES (Seine). Fragment de la sacristie, XIVe siècle. (Collection de MM. Barrion et Coquereau.)

338 CHATEAU D'AZAY-LE-RIDEAU (Indre-et-Loire). Frises, XVIe siècle. (Collection de MM. Corbel, Chervet et Delagoule.)

339 CHATEAU DE BLOIS (Loir-et-Cher). Médaillons, XVIe siècle. (Collection de MM. Corbel, Chervet et Delagoule.)

340 ANCIENNE ABBAYE DU MONT-SAINT-MICHEL (Manche). Chapiteau du bas côté nord de la nef de l'église, XIe siècle.

341 ANCIENNE ABBAYE DU MONT-SAINT-MICHEL (Manche). Chapiteau et base provenant de la galerie de l'Aquilon, XIIe siècle.

342 ANCIENNE ABBAYE DU MONT-SAINT-MICHEL (Manche). Chapiteau et base provenant de la salle de l'aumônerie (bâtiments de la Merveille), XIIIe siècle.

343 ANCIENNE ABBAYE DU MONT-SAINT-MICHEL (Manche). Chapiteau et base provenant du réfectoire (bâtiments de la Merveille), XIIIe siècle.

344 ANCIENNE ABBAYE DU MONT-SAINT-MICHEL (Manche). Chapiteau et base provenant de la salle des chevaliers (bâtiments de la Merveille), XIIIe siècle.

345 ANCIENNE ABBAYE DU MONT-SAINT-MICHEL (Manche). Ecoinçons intérieurs des arcatures du cloître (bâtiments de la Merveille), XIIIe siècle.

346 ÉGLISE DE SAINT-BENOIT-SUR-LOIRE (Loiret). Chapiteau et base provenant du porche, XIIe siècle.

347 ÉGLISE DE SAINT-BENOIT-SUR-LOIRE (Loiret). Chapiteau et base provenant de la nef, XIIIe siècle.

348 ÉGLISE DE SAINT-BENOIT-SUR-LOIRE (Loiret). Chapiteau du triforium aveugle, fin du XIIe siècle.

349 ÉGLISE DE GERMIGNY-DES-PRÉS (Loiret). Chapiteaux de l'abside, IX° siècle (806).

350 ÉGLISE DE GERMIGNY-DES-PRÉS (Loiret). Tailloirs des pilastres de la coupole, portant la date (806) de la consécration de l'édifice.

351 ÉGLISE DE GERMIGNY-DES-PRÉS (Loiret). Chapiteaux du triforium aveugle, IXe siècle.

UNION CENTRALE DES BEAUX-ARTS

APPLIQUÉS A L'INDUSTRIE

5me EXPOSITION

DOCUMENTS PITTORESQUES

SUR

L'HISTOIRE DE PARIS

I

Nota. —
valeur de
et ont cru
en trois s
îles, et l:
tions, au
l'est.

1. Pla

Les voi
et dessin
quoiqu'à t
Cousin a
zeline à
dition de
de Paris.

DOCUMENTS PITTORESQUES

SUR

L'HISTOIRE DE PARIS

⁕⁕⁕

Nota. — Les rédacteurs de ce catalogue n'ont considéré la valeur des documents exposés qu'au point de vue de l'histoire et ont cru devoir suivre l'ordre topographique. Divisant Paris en trois sections (la rive droite de la Seine, le Pont-Neuf et les îles, et la rive gauche), ils ont parcouru chacune de ces sections, autant qu'il leur a été possible, en allant de l'ouest à l'est.

I

VUES GÉNÉRALES

1. Plan de Paris, vers 1560 ; dessin du XVIIIᵉ siècle.

(M. JACQUINOT.)

Les voies, les monuments et tous les tracés qui figurent sur ce dessin sont empruntés au plan de Paris, connu actuellement, quoiqu'à tort, sous le nom de « Plan de Du Cerceau ». M. Jules Cousin a récemment discuté cette attribution du vieux plan, et incline à penser qu'il a été gravé en Allemagne pour quelque édition de la Cosmographie (*Bulletin de la Société de l'Histoire de Paris*, t. III, p. 26-30).

6.

2. Vue cavalière de Paris ; peinture sur toile, fin du XVIII° siècle.

(M. BAUR.)

Inscription sur une banderole, au haut du tableau (coin de gauche) :

« L'an mil trois cent cinquante-huit, du regne de Jean, roy « de France, le prevost des marchans de la ville de Paris, l'ayant « vendue et voulant livrer la Bastille et la porte St.-Denis à Jose- « ran Mascon, tresorier du roy de Navare, Jean et Simon Maillards « s'i opposerent ; mais voyant l'obstination de ce perfide fran- « çois, ils prinrent la baniere de France et se mirent à crier : « *Montjoye!* A ce cri, tout le peuple se souleva. Au mesme temps, « Pepin des Essars, chevalier, fit la mesme chose en son cartier, « quoyqu'il ne sceut rien de l'execution des Maillards, tellement « que, comme si ces trois genereux françois eussent été inspirés de « Dieu pour ce glorieux desein, ils agirent si courageusement « qu'ils enpecherent que les portes par où l'ennemy devoit entrer « ne fusent ouverte. Ce cy est tiré de Belle Forest en la Vie de « Jean premier, livre cinq, page huict cent soixante-trois ; Nicolle « Gille, Froissart, et le suplement de Guillaume de Nangis, en font « mention en leurs histoires. »

Au premier plan, à gauche, on voit Pépin des Essarts, à che- val, en costume de guerre et portant ses armoiries : de gueules à trois croissants d'or, posés deux, un ; à l'orle de même. On peut légitimement en induire que cette vue aura été composée pour un membre de la famille des Essarts.

3. Vue perspective de Paris, prise du milieu du Pont-Neuf ; gouache exécutée vers 1825.

(M. BAUR.)

4. Panorama de Paris, pris de la hauteur de Chaillot ; gouache exécutée vers 1825.

(M. BAUR.)

II

RIVE DROITE

5. Plan de Bagatelle ; dessin lavé, fin du règne de Louis XVI.

(M. JORAND.)

6. Les bords de la Seine, vers Billancourt (?); peinture sur toile, signée Raguenet, 1774.

(Propriété des bains de LA SAMARITAINE.)

7. Une barrière de Paris, devant le bois de Boulogne (?); peinture sur toile, commencement du XIXᵉ siècle.

(M. CHAMPFLEURY.)

8. Cérémonie de la proclamation de la République par les représentants du peuple, à la place de l'Arc-de-Triomphe de l'Etoile, en mai 1848; aquarelle, par Yung.

(M. de LIESVILLE.)

9. « Le village de Chaillot, au sortir de Paris, route de « Versailles, où l'on voit différents édifices superbes »; peinture sur toile, signée Raguenet, 1757.

(Propriété des bains de LA SAMARITAINE.)

Voyez Bonnardot, *Iconographie du vieux Paris*, dans la *Revue universelle des arts*, t. IV, p. 24-25.

Cette pièce, ainsi que neuf autres toiles de Raguenet, exposées ordinairement dans les couloirs de la Samaritaine, ont été achetées, le vendredi 15 novembre 1850, à la salle de vente de la rue des Jeûneurs, par M. Evans qui les a vendues à M. Javal (Bonnardot, *ibid.*, p. 16). Contrairement à l'assertion de M. Bonnardot, la plupart des toiles de Raguenet possédées par M. Javal sont signées et, le plus souvent même, la signature est accompagnée d'une date. Enfin, dernière observation, les titres que nous donnons à ces tableaux, en les plaçant entre guillemets, sont copiés textuellement sur des notes imprimées vers le commencement de ce siècle et qui, pour le plus grand nombre des pièces conservées à la Samaritaine, se retrouvent encore au revers du cadre.

10. Vue des Champs-Elysées, prise des hauteurs de Chaillot, dessin lavé, époque Louis XVI.

(M. BIENVENU.)

11. La barrière du Roule, construite par Ledoux ; dessin à la sépia, signé Misbach, 1792.

(M. CARRÉ.)

12. Extrémité du cours la Reine, vers la place de la Concorde ; peinture sur toile, signée Bizard, 1802.

(M. BAUR.)

13. Inauguration de la statue de Louis XV, sur la place de même nom, le 20 juin 1763 ; dessin par Moreau le jeune, d'après Vien.

(***)

14. Vue de la place Louis XV ; dessin lavé, signé Moreau le jeune, 1770.

(M. de SAINT-ALBIN.)

15. Le garde-meuble et la place Louis XV ; gouache, époque Louis XVI.

(M. le docteur ROYER.)

16. Vue de la place de la Concorde et du cours la Reine, prise du pont tournant ; peinture sur toile par Demachy, époque de Louis XVI.

(M BAUR.)

17. La place de la Concorde pendant la Révolution ; gouache, signée C. Naudet ; fin du XVIIIe siècle.

(M. DESTAILLEUR.)

Sur le marchand d'estampes Thomas-Charles Naudet, voir Renouvier, *Histoire de l'art pendant la Révolution,* p. 159.

18. « Vue perspective de la cy-devant place de la Révolution, décorée de quatre temples...»; projet du citoyen Poyet, aquarelle, an VIII.

(M. BAUR.)

19. « Vue perspective de la cy-devant place de la Ré-
« volution, avec deux des quatre temples, destinés à
« servir de Muséum... »; projet du citoyen Poyet, aquarelle, an VIII.

(M. BAUR.)

20. Illumination du pont et de la place de la Concorde (vue du quai), pour la fête de la paix générale,
donnée à Paris le 18 brumaire an X; dessin à la
sépia.

(M. BAUR.)

21. Messe solennelle sur la place de la Concorde, en
avril 1814; peinture sur bois contemporaine, école française.

(M. BAUR.)

22. Service et convoi des victimes de juin 1848, célé-
bré sur la place de la Concorde ; aquarelle, par Yung,
1848.

(M. de LIESVILLE.)

23. Le garde-meuble; peinture sur toile signée Demachy, 1784.

(M. DESTAILLEUR.)

24. « Entrée de Mehemet-Effendi, grand tresorier de
« l'empire ottoman, ambassadeur du Grand-Seigneur,
« par le jardin des Tuileries, pour aller faire compli-
« ment au roy Louis XV sur son advenement à la cou-
« ronne, le XVI mars M.DCC.XXI »; peinture sur toile
d'après l'original de Parrocel, exécuté avant 1752.

(Mme LAMY.)

Cette composition de Parrocel fait partie d'une suite intitulée :
« Marche de l'ambassadeur turc en 1721, arrivant au château des
Tuileries par le pont tournant ». On conserve au Musée de
Versailles (*Catalogue*, édition de 1860, n° 175) l'original de ce

tableau, auquel on peut comparer la tapisserie exécutée aux Gobelins d'après cette même pièce et dont nous avons transcrit le titre au début de cet article.

Cf. le *Journal de Duvaux*, introd., p. CLXXXIV ; *Mémoires inédits sur la vie et les ouvrages des membres de l'Académie royale de peinture et de sculpture*, t. II, p. 408-409 ; Bonnardot, *Iconographie du vieux Paris*, t. III de la *Revue universelle des Arts*„ p. 514.

25. Le pavillon de Flore et la petite porte du jardin des Tuileries ; peinture sur toile, dans la manière de Jeaurat, mil. du XVIIIe siècle.

(M. BAUR.)

26. La promenade des Tuileries ; dessin signé Gabriel de Saint-Aubin, 1760.

(M. de SAINT-ALBIN.)

27. Projet de décoration pour une représentation théâtrale au palais des Tuileries, dans la salle des Machines ; dessin par Chalgrin, 1778.

(M. DESTAILLEUR.)

28. Projet de salle de spectacle à la suite du pavillon de Marsan ; dessin lavé et gouaché, signé « Thian, 1786. »

(M. CLÉMENT.)

29. Vue du quai des Tuileries et du pont Royal : peinture sur toile, fin du XVIIIe siècle, par J. Noël.

(M. BAUR.)

30. Projet d'embellissement de la cour d'honneur des Tuileries ; dessin lavé, par Percier, approuvé par Barère, Billaud-Varennes et Carnot.

(M. JACQUINOT.)

31. Illumination du palais des Tuileries et du Pont-Royal pour la fête de la paix générale donnée à Paris le 18 brumaire an X ; dessin à la sépia.

(M. BAUR.)

32. La petite Provence, aux Tuileries ; peinture sur toile, par Mᵐᵉ Haudebourg-Lescot, vers 1831.

On a groupé sur cette toile les principaux personnages politiques de la révolution de Juillet : Louis-Philippe et Marie-Amélie, Talleyrand, Dupin, Laffitte, Benjamin Constant, Lafayette, Mᵐᵉ de Dino, etc.

(Mᵐᵉ BRUANT.)

33. La statue de Louis XIV, exécutée par Girardon pour la place Vendôme ; peinture sur toile, comm. du XVIIIᵉ siècle.

(M. BAUR.)

34. La place Vendôme, vers 1810 ; dessin.

(M. TINARDON.)

35. Une séance au club des Jacobins ; dessin à la sépia.

(M. CARRÉ.)

36. Revue passée sur la place du Carrousel par le premier Consul, vers 1803 ; dessin par Swebach.

(M. CLÉMENT.)

37. L'incendie de l'Opéra (Palais-Royal), le 8 juin 1781 ; peinture sur toile, signé H. Robert, 1781.

(M. DESTAILLEUR.)

38. L'Opéra après l'incendie ; peinture sur toile, par Hubert Robert, 1781.

(M. DESTAILLEUR.)

39. Démolition de l'ancien vestibule du Palais-Royal; dessin attribué à Hubert Robert, deuxième moitié du XVIIIe siècle.

(M. JACQUINOT.)

40. Le jardin du Palais-Royal en 1785; dessin lavé, signé D. L. (chevalier de l'Espinasse).

(M. de SAINT-ALBIN.)

41. Réjouissances publiques dans la cour du Palais-Royal en 1799; croquis par Demachy.

(M. JACQUINOT.)

42. Scènes révolutionnaires; dessins pour la gravure, attribués à Duplessis-Bertaux.

(M. de SAINT-ALBIN.)

Le jardin du Palais-Royal est le théâtre de l'une de ces scènes; l'autre a lieu rue Vivienne.

43. Incendie du poste du Château-d'Eau, sur la place du Palais-Royal, le 24 février 1848; peinture sur toile, signée Hagnauer.

(M. BAUR.)

44. Entrée de la Banque de France, vers 1820; dessin.

(M. TINARDON.)

45. Vue de la galerie du Louvre et des quais; peinture sur bois, par Van der Meer, de Delft (?), signée « Vermeer », première moitié du XVIIe siècle.

(M. BAUR.)

Voir, sur l'auteur, l'article que lui a consacré M. W. Burger dans la *Gazette des Beaux-Arts*, t. XXI, p. 297-330 et p. 542-575.

46. Vue du Louvre et de la Seine, prise du Pont-Neuf ; peinture sur toile, par Gastiels, vers 1665.

(M. BAUR.)

47. Vue perspective du Louvre et des quais, prise du Pont-Neuf ; peinture sur toile, école flamande, vers 1670.

(M. BAUR.)

48. Vue de la galerie du Louvre, du Pont-Neuf et des quais ; peinture sur toile, école française, vers 1670.

(M. BAUR.)

49. Vue perspective de la Seine, prise en avant du pavillon de Flore ; peinture sur toile, fin du XVIIe siècle.

(M. BAUR.)

50. « L'Ordre de la marche pour la publication de la « paix qui c'est faite le lundy, premier juin 1739, vüe « du costé des galleries du Louvre ; » photographie, d'après un dessin du Musée du Louvre, d'un croquis de Ch. Parrocel.

(***)

51. Vue du Louvre et du Pont-Neuf, prise du pont Royal ; peinture sur toile, par Demachy.

(M. BAUR.)

52. Vue intérieure d'un des guichets du Louvre ; dessin lavé, signé Demachy, 1780.

(M. JACQUINOT.)

53. Vue du cours de la Seine, entre le quai Mala-

7

quais et le quai de Louvre, prise du terre-plein du Pont-Neuf; peinture sur toile, signée Noël, vers 1780.

(M. CLÉMENT.)

54. Colonnade du Louvre; peinture sur toile, par Demachy, 1789.

(M. BAUR.)

55. Le guichet du Louvre, en face le pont des Arts; peinture sur toile, par Hubert-Robert, fin du XVIIIe siècle.

(M. DESTAILLEUR.)

56. La galerie du Louvre pendant la première République; peinture sur toile, signée Hubert-Robert.

(M. DESTAILLEUR.)

57. Vue du cours de la Seine devant le quai du Louvre et en aval du pont aux Meuniers; dessin daté de 1574.

(M. DESTAILLEUR.)

58. Vue du cours de la Seine entre le quai de la Monnaie et le quai du Louvre, prise du port St-Nicolas; peinture sur toile, signée J. Noël, vers 1780.

(M. CLÉMENT.)

59. Démolition de l'ancien garde-meuble (le Petit-Bourbon); dessin lavé, signé Demachy.

(M. JACQUINOT.)

60. La place et l'église de Saint-Germain-l'Auxerrois, alors mairie du IVe arrondissement; peinture sur bois, signée A. Wynantz, 1840.

(M. BAUR.)

61. La cour des Messageries en 1793 ; dessin, par Desrais.

(M. JACQUINOT.)

62. Vue du palais de la Bourse, prise de la rue de Richelieu ; aquarelle signée Heurteloup, 1831.

(M. JACQUINOT.)

63. La place du Châtelet ; aquarelle signée Hibon, vers 1813.

(M. DESTAILLEUR.)

64. Le marché des Innocents en 1793 ; dessin, par Desrais.

(M. JACQUINOT.)

65. Le marché des Innocents au commencement du XIXᵉ siècle ; dessin attribué à Lallemant et représentant des réjouissances publiques.

(M. CARRÉ.)

66. La fontaine des Innocents ; aquarelle signée Hibon, 1813.

(M. DESTAILLEUR.)

67. La procession de la Ligue débouchant sur la place de Grève par l'arcade Saint-Jean ; peinture sur toile, 1590.

(M. le duc de VALENÇAY.)

M. Tisserand, chef du bureau des travaux historiques de la ville de Paris, a consacré à ce tableau, signalé peu de temps avant par M. Darcel (*Chronique des arts et de la curiosité*), une note intéressante qui a paru dans le *Bulletin de la Société de l'Histoire de Paris*, t. II, p. 132-136.

68. La procession de la Ligue; peinture sur bois, scène et peinture flamandes, comm. du XVIIᵉ siècle.

(M. BAUR.)

69. Fête donnée sur la place de l'Hôtel-de-Ville; peinture sur bois, école hollandaise, époque Louis XIII.

(***)

70. L'Hôtel de Ville de Paris, la place de Grève et l'église paroissiale de Saint-Jean; peinture sur toile, signée Raguenet et datée de 1751.

(***)

71. L'Hôtel de Ville, la place de Grève et l'église paroissiale de Saint-Jean; peinture sur toile, par Raguenet.

(SOCIÉTÉ DE L'HISTOIRE DE PARIS.)

Vue identique à la précédente, mais de proportions moindres, ce qui permet d'y reconnaître l'exemplaire de cet ouvrage de Raguenet, qu'a connu et décrit M. Bonnardot, dans son excellent travail sur l'*Iconographie du vieux Paris* (Revue universelle des arts, t. III, p. 521-525).

72. Tirage de la loterie en présence du prévôt des marchands et du corps de ville; dessin lavé, signé C.-L. Desrais, 1772.

(M. de SAINT-ALBIN.)

73. Vue de l'Hôtel de Ville et de la place de Grève; peinture sur bois, époque Louis XVI.

(M. BAUR.)

74. Décoration de la place de l'Hôtel-de-Ville pour la réception de Marie-Antoinette, lors de la naissance du Dauphin; dessin signé Demachy, 1781.

(M. BAUR.)

75. Le vestibule de l'Hôtel de Ville; gouache, par Maréchal, 1786.

(***)

76. Vue de l'Hôtel-de-Ville et de la place de Grève; peinture sur bois, par Canella, 1808.

(***)

77. La place de l'Hôtel de Ville et l'église Notre-Dame, vue prise de la rue de Rivoli, pendant la construction de l'Hôtel-Dieu; peinture sur toile signée « Faustin de Miodoucheski, 1868 ».

(M. BAUR.)

Cette toile a figuré au Salon de 1870, sous le n° 1993.

78. L'arcade St-Jean, vue de la rue du Martroy (??); gouache, vers 1770.

(M. le baron J. PICHON.)

79. L'arcade St-Jean, vue de la rue du Martroy (??); gouache, vers 1770.

(M. le baron J. PICHON.)

80. Démolition de l'église de Saint-Jean-en-Grève; peinture sur toile, par Demachy, 1800.

(M. DESTAILLEUR.)

Voyez Bonnardot, *Iconographie du Vieux Paris,* dans la *Revue universelle des Arts,* t. IV, p. 31-33.

81. Vue du carrousel donné à la place Royale les 5, 6 et 7 avril 1612, à l'occasion du mariage du roi Louis XIII; peinture sur toile, école flamande.

(M. BAUR.)

82. La place Royale; peinture sur toile, milieu du XVIIᵉ siècle.

(SOCIÉTÉ DE L'HISTOIRE DE PARIS.)

83. « Le siége de la Bastille représenté au naturel, le « 14 juillet 1789, présenté par le sieur Cholat, un des « vainqueurs de la Bastille »; gouache.

(M. CHAMPFLEURY.)

Le « vainqueur de la Bastille » que mentionne le titre de cette pièce publia, en 1789, pour se justifier de diverses imputations, un petit opuscule apologétique de sa conduite, sous le titre de : « *Service fait à l'attaque et prise de la Bastille et autres pour la cause commune, par le sieur Cholat, marchand de vins, rue des Noyers, au coin de celle des Lavandiers, le 14 juillet 1789* » (Paris, Brunet et Desenne, 1789, 16 p. in 8º). On conserve à la Bibliothèque de la Ville un exemplaire de cette brochure, dont le texte a été reproduit par les soins de M. Jules Cousin, dans le *Bulletin de la Société de l'Histoire de Paris*, t. II, p. 51-57.

84. La Bastille, le 14 juillet 1789; peinture dans la manière de Demachy.

(M. DESTAILLEUR,)

85. Démolition de la Bastille en 1789; peinture dans la manière de Demachy.

(M. DESTAILLEUR,)

86. Une parade sur le boulevard du Temple; peinture sur toile, par Drölling, vers 1816.

(M. BAUR,)

Sur l'enseigne du théâtre, on lit : « La troupe de Mᵐᵉ Rose réunie à celle des boulevards »; aussi répéterons-nous, d'après Jules Janin, que « Frédérick-Lemaître fit ses premiers débuts chez « Mᵐᵉ Rose par de très-spirituelles parades, alors que la parade « était en honneur (Janin, *Debureau, histoire du théâtre à*

quatre sous, p. 55). » Les débuts de Frédérick-Lemaître, né
n 1798, doivent justement avoir eu lieu vers l'époque où fut
xécutée cette toile.

87. Vue de la tour du Temple; dessin lavé, par Ni-
olle, fin du XVIIIᵉ siècle.

(M. de SAINT-ALBIN.)

88. Scène populaire, place du Château-d'Eau; pein-
ure sur toile, par Marlet, vers 1830.

(M. JACQUINOT.)

89. Vue du marché Saint-Martin (distribution de
oupe par le Petit Manteau Bleu); peinture sur bois,
ignée J.-B. Lecœur, 1833.

(M. BAUR.)

Ce tableau a été reproduit par la lithographie.

90. Le prieuré de Saint-Martin-des-Champs; copie
'un dessin du XVIᵉ siècle, conservé à la Bibliothèque
ationale.

(M. le baron J. PICHON.)

91. Barrière de la Villette, construite par Ledoux;
essin à la sépia, signé Misbach, 1797.

(M. CARRÉ.)

92. Barrière Saint-Denis, construite par Ledoux;
essin à la sépia, signé Misbach, 1797.

(M. CARRÉ.)

III

LE PONT-NEUF ET LES ILES

93. Vue du Pont-Neuf (projet non exécuté), de la Cité et des deux rives de la Seine ; peinture sur toile, vers 1578.

(M. le docteur RICHER.)

« Ce pont (le Pont-Neuf), dit Sauval, fut commencé par
« Henri III, sous la conduite de Guillaume Marchand.... Les
« architectes de ce temps-là, à l'envi, firent de nouveaux des-
« seins et d'autres devis touchant ce pont : celui de Marchand,
« néanmoins, plut davantage et fut trouvé le plus savant et le
« plus superbe. Entre tant de desseins et d'élévations, une
« entre autres parut assés bien inventée et pleine de politique ;
« car comme ce pont devoit être placé à une des extrémités de
« Paris, l'architecte qui le fit, jugea que le voisinage du Louvre
« et du Palais le rendroit très-passant, et qu'ainsi il étoit bon
« de s'assurer d'un poste si fréquenté et si retiré tout ensemble
« et qui sembloit, dans une sédition, pouvoir empêcher ou
« retarder l'union du roi et du Parlement. De sorte que pour
« s'en rendre le maître, il ne trouva point de meilleur moyen
« que de dresser aux deux bouts de ces deux ponts deux grands
« arcs de triomphe, qui se pussent fermer quand on voudroit ;
« et de plus, d'en élever un autre à la pointe de l'isle qui occu-
« pât tout l'espace qui les sépare » (Sauval, *Histoire et anti-
quités de la ville de Paris* (t. I. p. 233).

Ce projet est évidemment celui qui figure sur le tableau possédé par M. le docteur Richer. — M. Bonnardot (*Iconographie
historique du vieux Paris*, dans la *Revue univ. des Arts,* t. III,
p. 203-214), décrit un tableau analogue, conservé au Musée de
Versailles sous le n° 779.

94. Le Pont-Neuf et la place Dauphine, vue prise du pont Rouge ; peinture sur toile, école flamande, vers 1665.

(M. BAUR.)

95. Le Pont-Neuf et la Samaritaine; dessin dans la manière de Silvestre, fin du XVIIᵉ siècle.

(M. DESTAILLEUR.)

96. « Voyez, à droite, le collége des Quatre-Nations, « et à gauche, au bout, la Samaritaine, qui fournit de « l'eau à une partie de Paris »; peinture sur toile, signée Raguenet.

(Propriété des bains de LA SAMARITAINE.)

Voyez Bonnardot, *Iconographie du vieux Paris,* dans la *Revue univ. des Arts,* t. IV, p. 24.

97. « A gauche, les degrés du quai du Louvre, et la « Samaritaine du même côté; et, sur le milieu du Pont- « Neuf, la statue d'Henry IV; l'on apperçoit à droite, « du côté du même pont, le collége et le quai des « Quatre-Nations »; peinture sur toile, signée Ra- guenet, 1752.

(Propriété des bains de LA SAMARITAINE.)

Voyez Bonnardot, *Iconographie du vieux Paris,* dans la *Revue univ. des Arts,* t. IV, p. 24.

98 « Le Pont-Neuf en son entier, ainsi que la façade « de la Samaritaine; en face, de l'autre côté du pont, « la rue de Thionville, ci-devant Dauphine; sur la « droite, l'hôtel de la Monnoie; et, en face de la statue, « l'entrée de la place Dauphine »; peinture sur toile, signée Raguenet, 1777.

(Propriété des bains de LA SAMARITAINE.)

Voyez Bonnardot, *Iconographie du vieux Paris,* dans la *Revue univ. des Arts,* t. IV, p. 20.

99. Vue du quai du Louvre, du Pont-Neuf et du col- lége des Quatre-Nations, prise du port Saint-Nicolas; peinture sur toile, signée Raguenet.

(Mᵐᵉ DU HOUSSET.)

7.

100. Le Pont-Neuf et la Samaritaine, pris du quai du Louvre ; gouache, époque de Louis XVI.

(M. le docteur ROYER).

101. Incendie du corps de garde du Pont-Neuf (29 août 1788) ; dessin pour la gravure, attribué à Girardet.

(M. BAUR.)

102. Une fabrique de cartes à jouer, à la pointe occidentale de l'île de la Cité, en face de la statue de Henri IV ; gouache, vers 1675.

(M. le baron J. PICHON.)

103. « Le roy Louis XV tenant son lit de justice « pour la première fois à son Parlement, à Paris, le « 12 septembre 1715, dessiné sur le lieu par F. Dela- « monce. »

(M. CARRÉ.)

Le titre que nous venons de transcrire est emprunté à la gravure que De Poilly fit de ce dessin.

104. Place du Palais-de-Justice au commencement du siècle (jugement et exécution) ; dessin attribué à Des-rais.

(M. CARRÉ.)

105. La salle des Pas-Perdus, au Palais-de-Justice ; dessin lavé, commencement du XIXᵉ siècle.

(***)

106. « L'on voit, à gauche, le quai de la Vallée et le « marché aux volailles ; à droite, le quai des Orfévres et, « du même côté, la façade du Louvre et celle du palais « des Thuilleries » ; peinture sur toile, signée Raguenet.

(Propriété des bains de LA SAMARITAINE.)

Voyez Bonnardot, *Iconographie du Vieux Paris*, dans la *Revue universelle des Arts*, t. IV, p. 23.

107. L'église de Saint-Martial, préservée de l'incendie par saint Éloi; dessin sur parchemin, XIIIe siècle.

(***)

On lit au-dessus de ce dessin la légende suivante :

« [Quomodo beatus E]ligius, incendio urbis Parisiacæ commi-*nando, ecclesiam beati Marcialis ab incendio liberavit.* » Ce dessin est accompagné d'une autre scène des Miracles de saint Éloi représentant la guérison d'un malade par le saint évêque de Noyon dans l'église de Saint-Denis; cette seconde pièce est intitulée : *Quomodo, in vigilia sancti Dionysii, beatus Eligius in ecclesia ejusdem martyris, quemdem (?) curavit.* »

Ces deux dessins faisaient partie d'une suite d'*histoires* représentant les miracles de saint Éloi. Cette suite avait été copiée au XVIIe siècle, par Gaignières, et se retrouve complète à la Bibliothèque bodléienne d'Oxford. La collection Gaignières, d'Oxford, ayant été calquée par M. Frappaz pour la Bibliothèque nationale de Paris, on peut voir au Cabinet des Estampes (t. XVI, f° 66, compartiments 9 et 10) la copie des deux dessins exposés sous le n° 107.

108. « La lutte qui se faisoit entre le pont Notre-« Dame et celui au Change entre les bâteliers, dont celui « qui restoit le dernier recevoit pour prix de sa victoire « un gobelet ou un couvert d'argent »; peinture sur « toile, signée Raguenet, 1751.

(Propriété des bains de LA SAMARITAINE.)

Voyez Bonnardot, *Iconographie du Vieux Paris*, dans la *Revue universelle des Arts*, t. IV, p. 16-19. — Le savant amateur parisien qui n'avait pu remarquer sur les tableaux de Raguenet, conservés aujourd'hui à la Samaritaine, la signature de ce peintre, accompagnée le plus souvent d'une date, a cru cette toile postérieure de vingt ans et supposé que la joute des bâteliers qui y est représentée fut donnée à l'occasion du mariage du dauphin (mai 1770), plus tard le roi Louis XVI. Cette opinion ne saurait subsister devant la date de 1751, qui se trouve à la suite de la signature de l'artiste, et elle ne peut guère concorder non plus avec le titre que nous avons transcrit d'après une note imprimée remontant à l'époque de la première République ou de l'Empire, car, suivant cette note, la joute nautique représentée par Raguenet avait un caractère traditionnel et ne peut être considérée comme une réjouissance extraordinaire.

109. Vue du Petit-Pont après l'incendie de l'Hôtel-Dieu arrivé pendant la nuit du 1er au 2 août 1737 ; peinture sur toile, « d'après nature », signée Oudry.

(M. BAUR.)

110. « L'incendie de l'Hôtel-Dieu, l'an 1770 » (*sic*, pour 1772), « qui a duré quinze jours ; à gauche l'on voit le Mar- « ché-Neuf, à droite la vue du pont du Petit Chastelet »; peinture sur toile, par Raguenet.

(Propriété des bains de LA SAMARITAINE.)

Voyez Bonnardot, *Iconographie du Vieux Paris*, dans la *Revue universelle des Arts*, t. IV, p. 21-23.

111. Incendie de l'Hôtel-Dieu, dans la nuit du 29 au 30 septembre 1772 ; peinture sur toile, par Hubert-Robert.

(M. le baron J. PICHON.)

112. Incendie de l'Hôtel-Dieu, dans la nuit du 29 au 30 septembre 1772 ; peinture sur toile, signée Genillon.

(M. BAUR.)

113. Cérémonie de la reprise du culte à Notre-Dame, le 28 germinal an X ; dessin lavé, signé « Phélippeaux fecit, 1802 ».

(M. JORAND.)

114. « L'Archevêché, et au bout de l'isle Saint-Louis,
« par la rivière de Seine, on aperçoit le pont de la Tour-
« nelle, et à droite le port aux thuilles »; peinture sur
toile, signée Raguenet.

(Propriété des bains de LA SAMARITAINE.)

Voyez Bonnardot, *Iconographie du Vieux Paris*, dans la *Revue
universelle des Arts*, t. IV, p. 19-20.

115. Vue de la Cité et du chevet de l'église Notre-
Dame, prise du quai de la Tournelle; peinture sur toile,
signée Raguenet, 1753.

(M. BAUR.)

116. Vue de la Cité et du chevet de l'église de Notre-
Dame, prise du quai de la Tournelle; peinture sur toile
signée Raguenet.

(Mme du HOUSSET.)

Cette toile est identique à la précédente, sauf en ce qui touche
aux accessoires.

117. Vue de la pointe orientale de la Cité et de l'île
Saint-Louis; peinture sur toile, signée Raguenet.

(Propriété des bains de LA SAMARITAINE.)

Voyez Bonnardot, *Iconographie du Vieux Paris*, dans la *Revue
universelle des Arts*, t. IV, p. 20.

118. « Voyez la place de Grève, à gauche; un peu plus
« loin, du même côté, le Port au Bled; de l'autre côté de
« la rivière, l'isle Saint-Louis et le pont Rouge par lequel
« on entre dans la Cité »; peinture sur toile, signée Raguenet.

(Propriété des bains de LA SAMARITAINE.)

Voyez Bonnardot, *Iconographie du Vieux Paris*, dans la *Revue
universelle des Arts*, t. IV, p. 20-21.

119. Vue de l'île Saint-Louis et du pont de la Tournelle ; peinture sur toile, par J. Noël, fin du XVIIIᵉ siècle.

(M. BAUR.)

IV

RIVE GAUCHE

120. L'École militaire, figurant sur une médaille dans une composition allégorique relative à la mort de Louis XV ; dessin signé Moreau le jeune.

(M. de SAINT-ALBIN.)

121. Vue du château de Meudon et du dôme des Invalides, prise d'une maison de campagne des environs d'Issy ; peinture sur toile, fin du XVIIᵉ siècle.

(M. BAUR.)

Rien de moins naturel que l'idée de réunir sur une même toile le château de Meudon et l'Hôtel des Invalides ; aussi ce tableau fut-il certainement exécuté pour quelque personnage auquel ces deux édifices étaient également chers. Or, de 1680 à 1691, le château de Meudon appartint à Louvois dont la veuve le céda en 1695 au roi, et l'on sait, d'autre part, que c'est cet éminent ministre de la guerre qui fonda l'Hôtel royal des Invalides, inauguré en 1674 et où il élut sa sépulture.

122. Vue du cours la Reine et du Palais-Bourbon ; gouache, époque Louis XV.

(M. BIENVENU.)

123. Vue de la Grenouillère et de l'ancien Palais-Bourbon ; dessin attribué à Demachy, milieu du XVIIIᵉ siècle.

(M. BAUR.)

124. Palais du Conseil des Cinq-Cents; dessin exécuté n floréal an VI.

(M. BAUR.)

125. Le Palais-Bourbon et le pont de la Concorde sous Empire (projet); aquarelle.

(M. DESTAILLEUR.)

126. Le pont de la Concorde, vers 1820, pris de la erge nord ; dessin.

(M. TINARDON.)

127. Tourelle située au coin de la rue Saint-Benoît et le la rue Jacob, démolie en 1847; dessin de Mme la baonne de Chaubry.

(Mme la baronne de CHAUBRY.)

128. Portail de l'oratoire des Jésuites de la rue du Pot-de-Fer ; dessin lavé du XVIIe siècle, attribué à Jean Marot.

(M. CARRÉ.)

129. La salle de bal construite par Lenoir dans l'enclos le la foire Saint-Germain, à Paris, en 1766 ; dessin à la sépia.

(M. DESTAILLEUR.)

130. Projet pour la place et la salle de l'Odéon ; dessin signé Perney, 1780.

(M. JACQUINOT.)

131. La tour de Nesle et les galeries du Louvre peinture sur bois, d'après Callot, vers 1630.

(M. BAUR.)

132. La tour de Nesle et les galeries du Louvre, vue prise du Pont-Neuf ; peinture sur toile d'après Callot, postérieure à 1632.

(M. BAUR.)

133. L'hôtel de Nesle, l'hôtel de Nevers et les fossés de la ville ; peinture sur toile, milieu du XVIIe siècle.

(M. BAUR.)

Cette vue offre les rapports les plus intimes avec celle qu'on trouve dans le recueil de Mérian (*Topographia Galliæ*) sous le titre : « Prosp. de la Tour de Nesle et de l'Hostel de Nevers », et elle en est peut être dérivée.

134. L'hôtel de Nesle et le Louvre ; peinture sur toile (école flamande), vers 1665.

(M. BAUR.)

135. Le Collége des Quatre-Nations, vue prise du Petit-Bourbon ; dessin dans la manière de Silvestre, fin du XVIIe siècle.

(M. DESTAILLEUR.)

136. L'Hôtel de la Monnaie et le Louvre, vue prise du terre-plein du Pont-Neuf ; peinture sur toile, par Demachy.

(M. DESTAILLEUR.)

137. L'Hôtel de la Monnaie et le Louvre, vue prise du terre-plein du Pont-Neuf ; peinture sur toile, par Demachy.

(M. BAUR.)

138. L'Hôtel de la Monnaie et le Louvre, vue prise du terre-plein du Pont-Neuf ; peinture sur toile, par Demachy.

(M. LIANDIER.)

139. L'Hôtel de la Monnaie et le Louvre, vue prise du terre-plein du Pont-Neuf ; gouache, par Demachy.

(M. BAUR.)

140. Le Pont-Neuf et l'Hôtel de la Monnaie; dessin lavé, époque Louis XVI.

(M. le baron J. PICHON.)

141. Vue du Pont-Neuf et de l'Hôtel de la Monnaie; peinture sur toile, signée F. Maillard, 1830.

(M. BAUR.)

142. L'École de médecine et la Clinique, vers 1825; dessin.

(M. TINARDON.)

143. Le roi Louis XVI posant la première pierre de l'amphithéâtre des Ecoles de chirurgie, le 14 décembre 1774; gouache, par Gabriel de Saint-Aubin.

(M. J. COUSIN, bibliothécaire de la ville de Paris.)

Ce tableau a figuré à l'Exposition de l'Académie de Saint-Luc, au Colisée, en 1776, sous le numéro 246.

144. Le Palais du Luxembourg illuminé pour une fête publique; dessin à la sépia, signé Maréchal, 1780.

(M. DESTAILLEUR.)

145. Plan du couvent des Chartreux, 1789.

(M. JORAND.)

146. Pose de la première pierre de l'église de Sainte-Geneviève, le 6 septembre 1764; dessin, par Demachy.

(M. HÉDÉ.)

« Ce fut le 6 septembre 1764 que Louis XV vint solennellement
« poser la prétendue première pierre de l'édifice, ou plutôt d'un
« des piliers du dôme. Pour donner au roi et au public une idée

« de ce futur édifice, l'architecte fit élever une charpente recou-
« verte de toile, sur laquelle le sieur de Machy peignit le portail. »
(Dulaure, *Histoire de Paris*, t. VII, p. 518 de l'édit. Baudouin, 1825.)
Cette charpente, recouverte de toile, est figurée sur le dessin
exposé.

147. Apothéose de Voltaire au Panthéon, le 11 juillet
1791 ; dessin lavé, dans la manière de Moreau le jeune.

(M. de SAINT-ALBIN.)

148. L'église du Val-de-Grâce ; dessin de Blondel,
milieu du XVIIIe siècle.

(M. CARRÉ.)

149. L'abbé de l'Epée aux Sourds-Muets ; peinture
sur toile attribuée à Drolling.

(M. JACQUINOT.)

150. Vue de la porte Saint-Bernard et du château de
la Tournelle ; esquisse, par Demachy ; d'une pièce gravée en couleur, 1770.

(M. JORAND.)

151. La porte Saint-Bernard, prise du côté du faubourg ; dessin signé Demachy, 1786.

(M. JACQUINOT.)

V

SUJETS DIVERS

152. Fête dans un parc à Paris, dessin attribué à Gra-
velot, vers 1760.

(***)

153. Vue composée de divers monuments parisiens; peinture sur toile, par Demachy.

(M. BAUR.)

Parmi les monuments groupés sur cette toile, on remarque la façade des Bernardins, transportée aujourd'hui à l'église des Blancs-Manteaux; les tourelles de l'hôtel de Sens; une imitation de la colonne du Châtelet; etc.

154. Vue composée à l'aide du Pont-Neuf et d'un édifice participant à la fois du Louvre et de l'hôtel de la Monnaie; peinture sur toile attribuée à Demachy, époque Louis XVI.

(M. BAUR.)

155. Portrait de Poullain de Saint-Foix, auteur des *Essais historiques sur Paris*, gravé par Saint-Aubin; l'encadrement est un dessin original de Marillier.

(M. de SAINT-ALBIN.)

UNION CENTRALE DES BEAUX-ARTS

APPLIQUÉS A L'INDUSTRIE

5e EXPOSITION

MUSÉE RÉTROSPECTIF

CATALOGUE

DES TAPISSERIES

PREMIÈRE PARTIE :

TAPISSERIES ANCIENNES ET MODERNES
APPARTENANT A L'ÉTAT
EXPOSÉES AU PALAIS DES CHAMPS-ÉLYSÉES
PAR LA CONSERVATION DU MOBILIER NATIONAL
ET LES MANUFACTURES DES GOBELINS
ET DE BEAUVAIS

Les
à parti
des ta
Aude
de no
d'Arra
Italie,
La
les vil
cèrent
princi
Aus
lienne
trie à
des o
qu'ils
qu'une
ties au
Ce fe
trie en
une col
des pi
de Fell
la tapi
rait p
brique.
et à R
Fran
tapiss
dura p
reprir
ments
maison

NOTICE SUR LES TAPISSERIES

Les Flandres furent pendant le moyen âge, surtout à partir du XIV⁰ siècle, le grand centre de la fabrication des tapisseries. Les villes de Bruges, Gand, Enghien, Audenarde, Tournai, Lille, et surtout Arras, comptaient de nombreux métiers de haute et basse lisse. La ville d'Arras a donné son nom aux tapisseries importées en Italie et que les Italiens appellent encore *Arazzi*.

La prospérité d'Arras cessa vers la fin du XV⁰ siècle; les villes de Bruxelles, Tournai et Audenarde la remplacèrent et devinrent, jusqu'au milieu du XVIII⁰ siècle, le principal centre de fabrication dans les Flandres.

Aussi quand les chefs des petites principautés italiennes du XVI⁰ siècle voulurent importer cette industrie à Florence, à Ferrare, à Mantoue, firent-ils venir des ouvriers flamands pour diriger les manufactures qu'ils avaient fondées. Mais ces établissements n'eurent qu'une éphémère durée et ne survécurent pas aux dynasties auxquelles ils devaient leur origine.

Ce furent aussi les Flamands qui portèrent cette industrie en Espagne, en Bavière et en Angleterre, et c'est à une colonie d'ouvriers flamands qu'on attribue la création des premières manufactures françaises d'Aubusson et de Felletin. Toutefois les origines de la fabrication de la tapisserie en France sont encore fort obscures; il paraît probable que, dès le moyen âge, il existait des fabriques dans un certain nombre de villes, à Beauvais et à Reims notamment.

François I⁰ʳ établit à Fontainebleau une fabrique de tapisseries sous la conduite du Primatice; mais elle dura peu. Henri II, puis sa veuve Catherine de Médicis, reprirent ce projet pour leur compte, et deux établissements furent fondés vers la même époque, l'un dans la maison des Jésuites de la rue Saint-Antoine, l'autre à l'hôpital des Enfants-Trouvés, dit la Trinité, rue Saint-Denis.

Henri IV installa, place Royale, une manufacture de tapisseries de haute lisse, bientôt transportée ailleurs et définitivement établie dans le quartier des Gobelins vers 1630 ; en même temps, ce roi donnait asile dans le Louvre à la première fabrique de tapis veloutés, dits de la Savonnerie.

Louis XIV, sous le ministère de Colbert, organisa, en 1662, et porta à son plus haut point de développement la manufacture des Gobelins, où il installa même la fabrication de tous les meubles destinés à décorer les châteaux royaux.

A cette époque on exécutait aux Gobelins les tapisseries de haute et de basse lisse. On a depuis abandonné entièrement la basse lisse à la manufacture nationale de Beauvais et aux fabriques privées d'Aubusson. On a réuni aux Gobelins la manufacture de tapis de la Savonnerie qui en a longtemps été séparée.

La Commission a essayé de classer ici les tapisseries exposées par régions et par ordre chronologique ; mais les obscurités mêmes de l'histoire de la tapisserie, l'époque tardive à laquelle les envois destinés à l'exposition ont été faits et la nécessité de rédiger le catalogue en un très-bref délai, n'ont pas permis d'examiner à loisir certaines questions à la solution desquelles la présente exposition est d'ailleurs appelée à concourir.

On a toujours indiqué, et souvent fait reproduire en *fac-simile*, les marques de fabrique placées ordinairement en bas ou à droite dans le tissu de la bande étroite qui entoure le long de la bordure, et qui était destinée à recevoir les clous pour fixer la tapisserie sur les murailles.

La première partie de cette notice renferme toutes les tapisseries exposées qui appartiennent à l'Etat, à moins d'indication contraire, et qui proviennent, soit du dépôt du Mobilier National, soit des ateliers, ou des musées des manufactures des Gobelins et de Beauvais. Une seconde partie, qui paraîtra prochainement, contiendra la description des tapisseries envoyées d'Angleterre, de Belgique, d'Espagne et d'Italie ou exposées par des particuliers

HISTOIRE DE LOUIS XIV

1 Audience donnée par le roy Louis XIV à Fontainebleau, au cardinal légat Ghigi, neveu et légat *a latere* du pape Alexandre VII, le XXIX juillet MDCLXIV, pour la satisfaction de l'injure faite dans Rome à son ambassadeur (1).

Le cardinal, dans la ruelle du lit royal, lit un papier devant le Roi assis devant son lit, derrière lui des seigneurs. Riche cabinet en lapis dans le fond ; lampadaire en argent à gauche.

Par *Ant. Mathieu.*

Première pièce de l'*Histoire du Roy*, suite de quatorze pièces (2) d'après *Le Brun* et *Van der Meulen.*

Haute lisse : laine, soie et argent.

Bordure d'arabesques sur fond d'or avec les armes du Roi en haut et les chiffres dans les angles. En bas, l'inscription donnant le sujet. Sur les côtés, des cartouches portant les inscriptions suivantes, à droite : *Lud. XIIII an°* 1671. — A gauche : *Lud. XIIII an°* 1676.

H. 4 m. 95 c. — L. 7 m. 20 c.

2 Le siége de Douay en l'année MDCLXVII où le Roy Louis XIV sortant de la tranchée, le canon tue le cheval d'un garde du corps proche de sa Majesté.

Par *Yvart.*

Deuxième pièce de l'*Histoire du Roy.*

Dans les angles inférieurs on a placé deux petits sujets rectangulaires de bataille à l'endroit où sont ordinairement les armes du Roi.

Mêmes bordure et tissu. Rien dans les cartouches latéraux.

H. 4. m. 95 c. — L. 7 m.

____

(1) Nous donnons les légendes telles qu'elles se trouvent dans les cartouches qui sont au bas des tapisseries.

(2) Les deux tapisseries non exposées de l'histoire de Louis XIV représentent : *la prise de Lille* et *la prise de Dôle.*

8

3 Réduction de la ville de Marsal en Lorraine au premier bruit de l'approche du Roy Louis XIV en l'année MDCLXIII.

Par *Testelin*.

Troisième pièce de l'*Histoire du Roy*.

Des personnages présentent les clefs de la ville au Roi qui est à cheval.

Même bordure et même tissu; dans les cartouches latéraux, à gauche : *Lud. XIIII an°* 1669. — A droite : *Lud XIIII an°* 1675.

Laine, soie, or et argent.

H. 5 m. 10 c. — L. 6 m. 75 c.

4 Le cardinal Barberini, grand aumônier de France, fait, en MDCLXVIII, les cérémonies du baptême de Monseigneur le Dauphin, tenu sur les fonts par le cardinal de Vendôme, légat *a latere* au nom du pape Clément XI, et par la princesse de Conti, au nom d'Henriette-Marie de France, reine d'Angleterre, à Saint-Germain-en-Laye.

Par *Yvart*.

Quatrième pièce de l'*Histoire du Roy*.

Le cardinal est en train de verser l'eau du baptême sur la tête du prince, au milieu d'une nombreuse assistance de dames et de seigneurs. Au fond est exposée une riche orfévrerie d'église. A droite et à gauche, des tribunes.

Mêmes bordure et tissu, sans inscription dans les cartouches latéraux. Dans la bande inférieure, la signature : *L. La Tour*.

H. 5 m. 05 c. — L. 6 m. 70 c.

5 Renouvellement d'alliance entre la France et les Suisses, fait dans l'église de Nostre-Dame de Paris, avec les ambassadeurs des XIII Cantons et de leurs alliez le XVIII novembre MDCLXIII.

Par *de Sève* le cadet.

Cinquième pièce de l'*Histoire du Roy*.

Le Roi et l'ambassadeur debout, sur le milieu, la main sur

l'Evangile que leur présente un cardinal, au milieu d'une nombreuse affluence de clergé et de seigneurs.

Mêmes bordure et tissu. Inscriptions latérales : à g. *Lud. XIII,* *an°* 1667 ; — à dr. *Lud. XIIII, an°* 1675.

H. 5 m. 10 c. — L. 7 m. 10 c.

6 Le roy Louis XIV visitant les manufactures des Gobelins, où le sieur Colbert, le surintendant de ses bâtiments, le conduit dans tous les ateliers pour lui faire voir les divers ouvrages qui s'y font.

Le Roi est à gauche ; à sa droite, Colbert ; devant lui des ouvriers déroulent des tapis, présentent des cabinets et de grands ouvrages d'argenterie fabriqués à la manufacture.

Cartouches latéraux, à gauche : *Lud. XIIII,* 1673. — A droite : *Lud. XIIII,* 1679.

Mêmes bordure et tissu que les précédentes.

H. 4 m. 80 c. — L. 5 m. 80 c.

7 Cérémonie du mariage de Louis XIV, roy de France et de Navarre, avec la sérénis^me infante Marie-Thérèse d'Austriche, fille aisnée de Philipes IV, roy d'Espagne.

Par *Testelin.*

Septième pièce de l'*Histoire du Roy.*

Un prélat donne la bénédiction aux deux époux, qui se tiennent par la main.

Mêmes bordure et tissu. Dans les cartouches latéraux : *Lud. XIIII, an°* 1665. — *Lud. XIIII, an°* 1672.

H. 5 m. 10 c. — L. 6 m. 80 c.

8 Deffaite de l'armée espagnole près le canal de Bruges, sous la conduite de Marsin, par les troupes du Roy Louis XIV, en l'année MDCLXVII.

Par *de Sève* le cadet.

Douzième pièce de l'*Histoire du Roy.*

Des cavaliers s'élancent au galop sur les troupes espagnoles qui occupent le fond. A droite, le Roi dans un costume tout brodé d'or.

Mêmes bordure et tissu. Dans les cartouches latéraux, à gauche : *Lud. XIIII, an° 1670*. — A droite : *Lud. XIIII, an° 1675*.

H. 5 m. 15 c. — L. 6 m. 95 c.

9 Le sacre de Louis XIV, roy de France et de Navarre, fait en l'église Nostre-Dame de Rheims le VIII juin MDCLIV

Par *Yvart* père.

Quatorzième pièce de l'*Histoire du Roy*.

L'archevêque pose la couronne sur la tête du prince, entouré de prélats, de cardinaux et des grands officiers de la couronne.

Mêmes bordure et tissu. Cartouches latéraux : *Lud. XIIII, an°* 1665. — *Lud. XIIII, an°* 1671.

H. 5 m. — L. 6 m. 90 c.

10 Entrevue de Louis XIV et de Philippe V.

Par *Ant. Mathieu*.

Première pièce de la petite suite de l'*Histoire du Roy*.

Bordure : Guirlande de fleurs et de fruits enroulée autour d'un bâton brun décoré de fleurs de lis. Aux quatre coins, une fleur de lis dans un médaillon rond. En haut, les armes de France. En bas, les initiales du Roi couronnées.

Tissu : Laine, soie et or. — Bande brune.

H. 3 m. 70 c. — L. 3 m.

11 Siége de Tournay en l'année MDCLXVII, où le Roy Louis XIIII estant dans la tranchée, s'élève au-dessus et s'expose au feu des ennemis pour reconnoistre l'estat de la place.

Par *de Sève le Cadet*.

Deuxième pièce de la seconde suite de l'*Histoire du Roy*.

On y voit les soldats couchés dans la tranchée et dans le ond les remparts de la ville.

Bordure semblable à celle de l'entrevue de Louis XIV et Phiippe V. En bas, une inscription dans un cartouche remplace le chiffre du Roi.

Laine, soie et or.

Marque : G. — *Cozette*, une fleur de lys entre le G et Cozette, en bas, à dr.

H. 4 m. 25 c. — L. 5 m. 50 c.

12 Louis XIV recevant les clefs d'une ville.

D'après *Van der Meulen* (?).

Troisième pièce de la seconde suite de l'*Histoire du Roy*.

Bordure et bande semblables à celles de l'entrevue de Louis XIV et de Philippe V.

Tissu : Laine, soie et or.

H. 3 m. 70 c. — L. 2 m. 65 c.

LES SAISONS, LES CHATEAUX, ETC.

13 L'Été.

D'après *Le Brun*.

Première pièce de la tenture de quatre pièces dite : *Les Saisons* (1).

Apollon et Minerve sur un nuage portant un médaillon entouré de fleurs, dans lequel est représenté le pavillon central du château de Fontainebleau. Au fond, à gauche, le château, et à droite la forêt de Fontainebleau.

Bordure latérale seulement, avec des armes : Instruments de chasse et médaillons aux chiffres du Roi.

Ecusson aux armes royales.

Haute lisse : Laine, soie et or.

H. 3. m. 20 c. — L. 5 m. 50 c.

(1) Cette pièce et les suivantes ont été gravées par Séb. Le Clerc. Les planches existent encore à la Chalcographie du Louvre.

14 L'Automne.

D'après *Le Brun*.

Deuxième pièce de la série des *Saisons*.

Dans un médaillon supporté par Diane et Bacchus est représentée une chasse au cerf de Louis XIV. Dans le fond, à droite, le château de Saint-Germain.

Cette pièce est la reproduction inverse du n° 15. La bordure seule diffère et lui assigne une date antérieure.

Bordure composée de guirlandes de fleurs et fruits, les chiffres du Roi sur les côtés, et des emblèmes avec légendes dans des médaillons aux quatre angles. En haut, les armes royales; en bas, l'inscription latine :

> Delia nunc dapibus mensas onerabit inemptis
> Bacche merum fundes ; quis meliora dabit ?
> Tu, divum soboles, Lodoix, qui divite dextra
> Virtuti eximiæ larga paras.

Basse lisse : Laine, soie et or.
Marque à droite en bas : I. L. en jaune.

H. 4 m. 85 c. — L. 5 m. 75 c.

15 L'Automne.

D'après *Le Brun*.

Deuxième pièce de la suite des *Saisons*.

Même sujet que le numéro précédent, mais en sens inverse.

Bordure, sur les deux côtés seulement, de fruits et d'instruments aratoires. Au milieu, des médaillons couronnés aux chiffres du Roi.

Haute lisse : Laine, soie et or.

H. 3 m. 80 c. — L. 5 m. 50.

16 Le château de Chambord. Signe : *la Balance*.

D'après *Le Brun*.

Deuxième pièce de la suite en douze pièce : *les Maisons Royales*.

Des carrosses et des cavaliers s'avancent vers le château de Chambord, dont on aperçoit la façade au fond.

Les côtés sont décorés de deux grands Termes et le devant

d'une balustrade sur laquelle un enfant étend un tapis. En dehors deux montants formés d'arabesques avec les chiffres du Roi au milieu.

En haut l'écusson royal et dessous lui la balance.

Haute lisse : laine, soie et or.

Marque en bas du montant de droite : I. L. F. (Jean Le Febvre ?)

H. 4 m. 05 c. — L. 6 m. 60 c.

17 Le Château de Saint-Germain, avec le signe : *les Gémeaux.*

D'après *Le Brun.*

Troisième pièce de la suite : *Les Maisons royales.*

Le Roi et une dame, accompagnés de leur suite, se promènen sur le bord de la Seine de l'autre côté de laquelle on aperçoit le château de Saint-Germain.

Des colonnes de marbre et une plinthe qui supporte un tapis de velours bordé d'or et de guirlandes de fleurs forment encadrement. Sur les deux côtés, deux montants formés de fleurs et de fruits. Au premier plan, un chat qui mange un oiseau et un aigle. En haut : Les armes royales et, au-dessous, le signe des Gémeaux.

Basse lisse, laine, soie et or.

H. 3 m. 20 c. — L. 5 m. 45 c.

18 Le Château de Vincennes. Signe : *Le Lion.*

D'après *Le Brun.*

Quatrième pièce de la suite des *Maisons royales.*

Des cavaliers s'avancent vers le château de Vincennes qu'on voit dans le fond.

Même encadrement et même bordure qu'au château de Saint-Germain; mais la balustrade, les riches tapis qui la recouvrent et les oiseaux placés en avant diffèrent.

Basse lisse : laine, soie et or.

H. 3 m. 20 c. — L. 5 m. 25 c.

19 Enfants arrosant des fleurs.

D'après *Bon Boullongue* (?)

Première pièce d'une tenture de cinq pièces : *Les Enfants jardiniers*.

Dans un jardin décoré de sphinx, de statues et de vases, des enfants ratissent, taillent, portent des fleurs, etc.

Bordure rehaussée d'or, décorée de pentes de fleurs, sur les côtés, avec des fleurs de lis en haut et en bas. En haut, les armes royales ; en bas, le soleil éclairant le monde avec la légende : *Nec pluribus impar*.

Haute lisse : laine et soie.

H. 3 m. 55 c. — L. 6 m. 60 c.

20 Termes, enfants, fleurs, etc.

Deux bandes allongées avec les chiffres du Roi couronnés dans un écusson central. En bas, le soleil royal.

H. 4 m. — L. 1 m.

21 Le paon.

Première pièce de la suite de huit pièces, dite *des Rinceaux* d'après *Polidor*.

Cartouche central contenant un paon entouré de riches rinceaux d'ornement.

Bordure d'ornement avec fleurs de lis, un soleil en haut et une figure en bas.

Basse lisse : laine et soie.

H. 4 m. 30 c. — L. 3 m. 60 c.

22 L'Aigle.

Deuxième pièce de la même suite que le n° précédent.

Même disposition et même bordure que la pièce précédente. Seulement le paon est remplacé par un aigle.

H. 4 m. 35. — L. 3 m. 60.

L'ANCIEN TESTAMENT ET LES CHAMBRES DU VATICAN

23 L'Adoration du Veau d'or.

D'après *Poussin*.
Fait partie de la tenture de l'*Ancien Testament*.
Les Hébreux font une ronde autour de l'idole. A gauche, Moïse brisant les tables de la loi, A droite, le camp des Hébreux.
Bordure formée de feuilles d'ornement, de pentes de fruits sur les côtés, et de fleurs de lis dans le haut avec un écusson aux armes de France au centre, au bas, un soleil.
Haute lisse : laine soie et or.

H. 3 m. 50 c. — L. 5 m.

24 Moïse exposé sur les eaux.

D'après *le Poussin*.
Fait partie de la tenture de l'*Ancien Testament*.
A gauche, le Nil; au centre, la fille de Pharaon qui recueille Moïse; à droite, un homme qui s'éloigne. Fond d'architecture et de paysage.
Même bordure qu'à l'*Adoration du Veau d'or*.
Haute lisse : soie, laine et or.

H. 3 m. 50 c. — L. 5 m. 05 c.

25 Le Miracle de Bolsène.

D'après *Raphaël*.
De la suite des *Stanze du Vatican*.
L'emplacement de la fenêtre a été garni avec une composition en camaïeu bleu représentant *Jésus remettant les clefs à saint Pierre*.
Bordure courante de fleurs de lis avec les armes royales en haut; en bas le soleil et la devise de Louis XIV; sur les côtés un Terme décoré de fleurs et d'armes portant un écusson aux chiffres du Roi.

Signé en bas dans la bande : *Lefebvre.*
Haute lisse : laine et soie.

H. 5 m. — L. 8 m.
(Escalier.)

26 Attila chassé de Rome par le pape.

D'après *Raphaël.*
De la suite des *Stanze du Vatican.*
Mêmes bordures qu'au Miracle de Bolsène.
Haute lisse : laine et soie.
Signé en bas dans la bande : IANS.

H. 4 m. 95 c. — L. 8 m. 70 c.
(Escalier.)

27 Héliodore chassé du temple.

D'après *Raphaël.*
De la suite des *Stanze du Vatican.*
Même bordure qu'au Miracle de Bolsène. Seulement les caria-
tides latérales qui étaient sans bras sur la précédente, en ont ici.
Haute lisse : laine et soie.
Signé en bas, à droite : *Audran.*

H. 5 m. — L. 9 m.
(Escalier.)

28 Incendie du Borgo.

D'après *Raphaël.*
De la suite des *Stanze du Vatican.*
Même bordure qu'à l'Héliodore.
Haute lisse : laine et soie.
Pas de signature.

H. 5 m. — L. 8 m. 45 c.
(Escalier.)

29 La croix apparaît à Constantin.

D'après *Raphaël.*
Bordure semblable à celle du Miracle de Bolsène.

Signé en bas, dans la bande : IANS.
Haute lisse : laine et soie.

H. 3 m. — L. 8 m. 25 c.

(Escalier.)

30 Bataille de Constantin.

D'après *Raphaël*.
De la suite des *Stanze du Vatican*.
Même bordure qu'au Miracle de Bolsène.
Signé en bas, dans la bande : IANS.
Haute lisse : laine et soie.

H. 4 m. 90 c. — L, 5 m. 50 c.

(Escalier.)

31 Passage du Ponte-Mole.

D'après *Raphaël*.
De la suite des *Stanze du Vatican*.
Même bordure que la Messe de Bolsène.
Signé en bas, dans la bande : *Le Febvre*.
Haute lisse : laine et soie.

H. 4 m. 95 c. — L. 4 m. 50 c.

(Escalier.)

32 Fragment de bataille.

D'après *Raphaël*.
Bordures à fleurs de lis avec armes et devise royale ; bordures
latérales à cariatides, représentant des vieillards ornés de guir-
landes de fleurs et d'attributs, avec un écusson au chiffre du roi
Haute lisse : laine et soie.
Signée en bas, dans la bande : *Le Febvre*.

H. 4 m. 85 c. — L. 4 m. 40 c.

(Escalier.)

33 Fragment de bataille.

D'après *Raphaël*
De la suite des *Stanze du Vatican*.

Bordure de fleurs de lys ; armes du Roi.
Signé en bas dans la bande : *Le Febvre.*
Haute lisse : laine et soie.

H. 4 m. 95 c. — L. 2 m. 40 c.
(Escalier.)

HISTOIRE D'ALEXANDRE

34 Bataille d'Arbelles.

D'après *Le Brun.*
Première pièce de la série de neuf pièces, dite : *Histoire d'Alexandre.*
Bordure à cariatides, guirlandes de fleurs, chiffres du Roi. En haut, un écusson aux armes royales ; en bas, un cartouche bleu sans inscription.
Haute lisse : laine, soie et or.

H. 4 m. 90 c. — L. 8 m.

35 Alexandre visitant la famille de Darius.

D'après *Le Brun.*
Deuxième pièce de l'*Histoire d'Alexandre.*
En haut les armes royales ; en bas l'inscription :

Sui victoria indicat regem.

Bordure formée de larges feuilles enroulées autour d'une bande de fleurs. Les chiffres du Roi sont sur les côtés.
Haute lisse : laine, soie et or.

H. 3 m. 95 c. — L. 5 m. 05 c.

36 Passage du Granique.

Troisième pièce de l'*Histoire d'Alexandre.*
D'après *Le Brun.*
Bordure formée de fleurs de lys. On a ajouté sur les côtés deux bordures latérales ; les unes rappellent celles des chambres,

du Vatican ; les autres représentent des enfants supportant des attributs et des écussons ovales aux armes royales.
Haute lisse : laine, soie, argent et or.

H. 4 m. 80 c. — L. 4 m. 15 c.
(Escalier ouest.)

37 Bataille (fragment).

D'après *Le Brun*.
Sixième pièce de l'*Histoire d'Alexandre*.
Combat de cavaliers.
Même bordure qu'à l'Alexandre visitant la famille de Darius. Cartouche inférieur sans inscription.
Haute lisse : laine, soie et or.

H. 4 m. — L. 2 m. 85 c.

38 Bataille (fragment avec une statue d'Hercule).

D'après *Le Brun*.
Neuvième pièce de *l'Histoire d'Alexandre*.
Chars et guerriers à cheval.
Même bordure qu'à la pièce d'Alexandre visitant la famille de Darius. Cartouche inférieur vide.
Haute lisse : laine, soie et or.

H. 4 m. 05 c. — L. 2 m. 40 c.

39 Porus blessé amené devant Alexandre.

Cinquième pièce de l'*Histoire d'Alexandre*.
D'après *Le Brun*.
Bordure de fleurs de lis avec deux montants latéraux ornés de Termes chargés d'attributs et d'un écusson au chiffre royal. En bas, un cartouche vide.
Une autre pièce semblable porte dans l'écusson en lettres d'argent : *Sic virtus et victa placet*.
Haute lisse : laine, soie, argent et or.

H. 4 m. 80 c. — L. 8 m. 75 c.
(Escalier ouest.)

SUJETS DE LA FABLE.

40 Le Triomphe des Dieux. — Neptune et Amphitrite.

Deuxième pièce d'une série de neuf pièces : *Le Triomphe des dieux*.

En avant d'un grand navire, dont tous les mâts et les vergues sont couverts d'enfants et de guirlandes de fleurs et sur le pont duquel Amphitrite est debout sous un dais, entourée de chaque côté de femmes, Neptune, armé du trident, conduit les chevaux marins, escorté de tritons et de naïades qui sonnent dans leurs conques et lui présentent des coraux et des perles.

Bordure à feuilles d'ornement enroulées, chiffres et écusson aux armes royales.

Cette pièce et la suivante, attribuées à *Noël Coypel* sont la reproduction exacte d'une ancienne tenture de la Renaissance attribuée à *Mantegna*, dont on voit à l'exposition des spécimens originaux.

Haute lisse : laine, soie, or.

H. 4 m. 90 c. — L. 6 m. 90 c.

41 Le Triomphe de Bacchus.

Première pièce de la tenture de neuf pièces : *Le Triomphe des dieux*.

Sous un dais formé de pampres et de vignes, Bacchus est debout sur le haut d'une fontaine à deux vasques d'où jaillit le vin. En bas et de chaque côté, personnages ivres et scènes de vendange.

Bordure sur fond jaune quadrillé, ornée d'enfants et de femmes occupés aux différents travaux de la tapisserie : teinture, dévidage, tissage, etc. Ecussons aux armes et aux chiffres du roi, d'après *N. Coypel*. (Voir le nº 40.)

Haute lisse : laine, soie, or.

H. 4 m. 85 c. — L. 6 m. 85 c.

42 Musiciens.

Appartient, ainsi que les quatre pièces suivantes, à une tenture de huit pièces, dite : *Sujets de la Fable.*

Des femmes et des hommes assis dans un paysage et tournés vers la gauche, jouent de la lyre, des cymbales et chantent.

Bordures d'arabesques très-riches, sur fond jaune quadrillé, chiffre et écusson aux armes royales, avec de nombreuses figures allégoriques, arabesques, fruits, animaux.

La bordure, qui rappelle celle du triomphe de Bacchus, est la même pour cette pièce et pour les quatre suivantes.

Signé : L. F. (*Lefebvre*).

Haute lisse : laine, soie et or.

H. 5 m. — L. 3 m. 60 c.

43 Musique champêtre.

Des bergers, en gardant leurs troupeaux, jouent de la cornemuse et de la flûte. Au fond, un vieillard et deux enfants.

Signé : *Lefebvre*, dans la bande.

Haute lisse : laine, soie et or.

H. 5 m. — L. 3 m. 60 c.

44 La Toilette de Flore.

Elle est dans une grotte, debout au milieu d'un bassin, entourée d'Amours qui lui versent de l'eau et l'essuient. A sa droite, l'Amour et deux génies.

Signé : *Lefebvre*, dans la bande.

Haute lisse : laine, soie et or.

H. 5 m. — L. 5 m. 50.

45 L'Amour couronné.

Au milieu d'un paysage, l'Amour entouré de nymphes richement vêtues qui lui tressent et lui offrent des couronnes de fleurs.

Signé : *IANS*, dans la bande inférieure.

Haute lisse : laine, soie et or.

H. 5 m. — L. 5 m. 80 c.

46 Danse champêtre.

Des femmes dansent en rond dans un paysage au son d'une
flûte.

Sans signature.

Haute lisse : laine, soie, or.

H. 5 m. — L. 4 m. 70 c.

SUJETS DE LA FABLE. — ANCIEN TESTAMENT.

47 Apollon et les Muses.

D'après *Mignard*.

Fait partie d'une suite de sujets tirés de la Fable, en cinq
pièces.

Apollon sur une éminence, au milieu des Muses vêtues de riches étoffes et chargées de leurs attributs.

Bordure latérale ornée des attributs des sciences.

Signé en bas dans la bande : *E. Le Blond*.

Haute lisse : laine, soie, or.

H. 3 m. 75 c. — L. 6 m. 15 c.

48 Latone change les paysans en grenouilles.

D'après *Mignard*.

Fait partie de la suite de *Sujets tirés de la Fable*.

Latone tenant ses deux enfants sur ses genoux semble invo-
quer la vengeance de Jupiter, qui apparaît dans les nuages, contre
les paysans qui l'ont insultée et dont l'un a déjà une tête de
grenouille.

Bordures latérales décorées de figures, de masques, d'attributs
et de grenouilles.

Signé : *Le Blond*.

Haute lisse : laine, soie et or.

H. 3 m. 75 c. — L. 5 m. 80 c.

49 Tobie.

D'après *Coypel.*

Septième pièce de la tenture de l'*Ancien Testament.* En bas, dans un cartouche : *Tobias.* Tobie s'avance vers son père et lui porte la main sur les yeux ; derrière Tobie, l'ange et une servante. A gauche, la mère de Tobie.

Bordure jaune, à rinceaux avec médaillon sans chiffres, et écusson aux armes royales.

Signé : *JANS,* dans la bande inférieure.

Haute lisse : laine et soiè.

H. 4 m. 80 c. — L. 5 m.

50 Laban.

D'après *Coypel.*

Huitième pièce de la tenture de l'*Ancien Testament.*

En bas, dans un cartouche : *Laban.* Jacob s'avance vers Laban, assis au seuil de sa demeure. Rachel est debout à côté de lui appuyée contre un arbre. Derrière Jacob, Lia, fond de paysage avec des moutons.

Bordure jaune à rinceaux, chiffres et écussons aux armes royales.

Signé dans la bande : *IANS.*

Haute lisse : laine et soie.

H. 4 m. 80 c. — L. 5 m.

LES MOIS GROTESQUES. — LE NOUVEAU TESTAMENT.

51 Avril, mai, juin, juillet, août et septembre, représentés par Vénus, l'Amour, Mercure, Jupiter, Cérès et Vulcain.

D'après *Audran.*

Série de deux pièces dite : *Mois grotesques et les dieux de la Fable,* formés de panneaux allongés.

Les dieux de la Fable occupent le milieu de chaque panneau sous une arcade formée d'arbres, de festons, etc. Tout en haut, un médaillon relatif au mois sous lequel pendent des attributs au milieu de guirlandes de fleurs, de rinceaux et d'arabesques. En bas, d'autres attributs, des animaux (cygne, singes, bouc, dragons, dauphins). Le tout encadré d'une bordure à losanges sur fond rose.

Haute lisse : laine, soie et argent.

H. 3 m. 75 c. — L. 5 m. 20 c.

52 Janvier, février, mars, représentés par Junon, Neptune et Mars.

D'après *Audran*.
Deuxième pièce de la tenture : *Les mois grotesques et les dieux de la Fable*.
Encadrement et bordure semblables à ceux de la pièce précédente.
Haute lisse : laine, soie et argent.

H. 3 m. 75 c. — L. 2 m. 50 c.

53 Jésus chassant les marchands du temple.

D'après *Jouvenet*.
Fait partie de la tenture du *Nouveau Testament*.
En bas l'inscription : *Zelus domus tuæ comedit me.*
Cadre jaune ombré. Écusson aux armes de France. En haut, fleurs de lis aux angles.
Signé en bas, à droite : *Cozette.* 1752.
Haute lisse : laine, soie.

H. 4 m. 30 c. — L. 6 m. 80 c.

L'AMBASSADE TURQUE.

54 Entrée de Mehemet Effendy, grand trésorier de l'empire Ottoman, ambassadeur extraordinaire du Grand Seigneur par le jardin des Tuilleries pour aller faire compliment au roy Louis XV sur son advènement à la couronne, le XVI mars MDCCXXI.

D'après *Ch. Parrocel.*

Première pièce de l'*Ambassade turque.* En avant, l'ambassadeur à cheval ; derrière lui, une haie de soldats en bleu ; au fond, sur les terrasses, une foule de dames et de seigneurs qui regardent ce spectacle.

Bordure d'ornements, chiffres et écussons aux armes royales, avec un cartouche contenant l'inscription en bas.

Signé : *Lefebvre G.* (fleur de lis), dans la bande et *Lefebvre* dans le terrain, à droite. A gauche : *Ch. Parrocel.*

H. 4 m. 20 c. — L. 7 m. 10 c.

55 Sortie de Mehemet Effendy, grand trésorier de l'empire ottoman, ambassadeur extraordinaire du Grand Seigneur, par le jardin des Thuilleries, venant de faire compliment au roy Louis XV sur son advènement à la couronne, le xvi mars MDCCXXI.

D'après *Ch. Parrocel.*

Deuxième pièce de l'ambassade turque : L'ambassadeur s'avance de face ; derrière lui un régiment de cavalerie forme la haie. Au fond, les Tuileries avec de nombreux spectateurs et le dôme du pavillon de l'Horloge.

Bordure semblable à celle de la pièce précédente.

Signé : *Gob*s (fleur de lis), *Monmerqué*, à droite. — *Charles Parrocel, px,* à gauche.

Haute lisse : laine et soie.

H. 4 m. 20 c. — L. 5 m. 85 c.

LES SAISONS. — LES ÉLÉMENTS.

56 Les Saisons : l'Hiver-Saturne.

H. 3 m. 30 c. — L. 2 m. 45 c.

57 Les Éléments : la Terre-Diane.

H. 3 m. 30 c. — L. 2 m. 50 c.

Les deux personnages, Saturne et Diane, sont placés sous une arcade formée de légers piliers, de guirlandes de fleurs et d'arabesques. En bas, des enfants qui jouent avec un singe ou avec des chiens. Le tout sur fond jaune, entouré d'un cadre d'ornement.

Haute lisse : laine, soie et or.

58 Les Éléments : Le Feu.

La disposition du sujet est la même qu'aux pièces précédentes. Seulement le fond est formé de fil d'or. En bas, deux Amours de chaque côté d'un autel. Bordure latérale : fleurons jaunes sur fond bleu.

H. 3 m. 40 c. — L. 2 m. 40 c.

Ces trois pièces forment des portières représentant les *Dieux de la Fable*, d'après des dessins attribués à *Gillot*, et ont été exécutées par *Audran*.

Haute lisse : laine, soie et or.

TENTURE DES INDES.

59 Une voiture traînée par des bœufs.

D'après *Desportes*.
Première pièce de la tenture de dix-sept pièces dite : *des Indes*.
La voiture est chargée de fruits exotiques. Par derrière des Indiens portent une sorte de hamac suspendu à un grand bâton.
Bordure imitant un cadre doré.
Signé en bas à gauche : *Desportes*, p^{it}, à droite, *Le Blond, ex.*
Haute lisse : laine et soie.

H. 4 m. 20 c. — L. 5 m. 05 c.

60 Le Repos du chasseur.

D'après *Desportes*.
Sixième pièce de la tenture *des Indes*.

Le chasseur tenant son arc est assis sous un cactus chargé d'oiseaux. A droite une éminence couverte de tortues, de salamandres et de caméléons.

Bordure imitant un cadre doré aux chiffres du Roi.

Signé, à gauche : *Desportes*, p^it, à droite, *Cozette*, ex^it.

Haute lisse : laine et soie.

H. 4 m. 15 c. — L. 4 m. 40 c.

61 Chasse à l'arc.

Pièce de la tenture dite *des Indes*.

Sur un tertre au bas duquel des Indiens ramènent un filet, un autre Indien tire des oiseaux à l'arc ; à côté de lui une négresse.

Même bordure qu'aux précédentes.

Signé, à gauche, *Desportes*, p. x^it ; et à droite, en fil blanc : *Cozette*, ex^it.

Haute lisse : laine et soie.

H. 4 m. 20 c. — L. 3 m. 70 c.

62 Animaux domestiques.

Pièce de la tenture *des Indes*.

Un chameau qui porte un singe ; un cheval tenu par un nègre, un flamant, des poissons.

Même bordure qu'aux précédentes.

Signé, à gauche : *Desportes*, px^it ; et à droite. *Cozette*, ex^it.

Haute lisse : laine et soie.

H. 4 m. 20 c. — L. 3 m. 40 c.

63 Animaux domestiques. — De la Tenture *des Indes*.

Un léopard et un lion se jettent sur un sanglier et un autre animal sauvage. En avant, deux chiens dévorent un cerf mort.

Même bordure qu'aux précédentes.

Signe en bas à droite, dans l'eau : *Cozette*, cx^it ; à gauche : *Desportes*, px^it.

Haute lisse : laine et soie.

H. 4. m. 20 c. — L. 4 m. 20 c.

(Escalier.)

9.

64 Le Hamac. — De la Tenture *des Indes.*

Deux Indiens portent dans un hamac un personnage nègre qui s'abrite sous un parasol.

En avant, animaux domestiques et poissons.

Même bordure qu'aux précédentes.

Signé dans les terrains, à gauche : *Desportes, px*it ; à droite : *Le Blond, ex*it.

Haute lisse: laine et soie.

H. 4 m. 25 c. — L. 4 m. 85 c.

(Escalier.)

HISTOIRE D'ESTHER.

65 Le Refus de Mardochée.

D'après *de Troy* (1).

Première pièce de la série en dix-huit pièces, dite : *Tenture d'Esther.*

Bordure d'ornements rocaille imitant un cadre doré avec écusson royal et cartouche portant inscription.

Signé : *Cozette,* 1751 (suivi d'une fleur de lis dans la bande). Cette signature est répétée sans la fleur de lis dans le terrain. Sur une marche on lit : *Peint par de Troy, à Rome, en* 1740.

Haute lisse, laine et soie.

H. 4 m. 20 c. — L. 5 m. 40 c.

66 La Toilette d'Esther.

D'après *de Troy.*

Deuxième pièce de la *Tenture d'Esther.*

En bas dans le cartouche : *Circumdata est gloria sua.*

Bordure comme la précédente.

Signé : *Cozette,* 1752, dans la bande. Cette signature est répé-

---

(1) De Troy exécuta les peintures qui servirent de patron pour ces tapisseries, à Rome, pendant qu'il était directeur de l'Académie royale de France.

tée avec la date dans le terrain à droite. Signé sur le col d'un bassin posé à terre : *De Troy*, 1738.

Haute lisse : laine et soie.

H. 4 m. 20 c. — L. 3 m. 95 c.

67 Le Triomphe de Mardochée.

D'après *de Troy*.
Quatrième pièce de la *Tenture d'Esther*.
En bas, dans le cartouche : *Rex illum voluit honorare*. C. VI.
Bordure comme les précédentes.
Signé : *Cozette*, 1752, dans le terrain à droite, et plus haut : *De Troy, à Rome* 1737.
Haute lisse : laine et soie.

H. 4 m. 15 c. — L. 7 m. 50 c.

68 La Condamnation d'Aman.

D'après *de Troy*.
Cinquième pièce de la *Tenture d'Esther*.
En bas : *Etiam reginam vult opprimere*. C. VII, § 8.
Bordure comme les précédentes.
Signé : *Monmerqué Go*ʰˢ (suivi d'une fleur de lis) dans la bande inférieure. Signé aussi : *Monmerqué* dans le terrain à droite et au-dessus : *Fait à Rome par I. de Troy en* 1740.

HISTOIRE DE JASON ET DE MÉDÉE.

69 Jason engage sa foi à Médée, qui lui promet les secours de son art.

D'après *de Troy*.
Première pièce de la tenture de *Médée et Jason*.
Bordure imitant un cadre doré rocaille, coquilles, etc.; écusson aux armes royales en haut ; cartouche portant le titre en bas.
Signé : *Audran G.* (fleur de lis), 1751 ; dans la bande infé-

rieure, et dans le terrain : *Audran*. A côté : *De Troy, à Rome,*
1744.

Haute lisse : laine et soie.

H. 4 m. 15 c. — L. 3 m. 80 c.

70 Jason assoupit le dragon, enlève la toison d'or et
part avec Médée.

D'après *de Troy*.
Deuxième pièce de la tenture, en vingt et une pièces, de *Médée
et Jason*.
Bordure comme la précédente.
Signé : *Audran G.* (fleur de lis), 1757, dans la bande infé-
rieure et une autre signature d'*Audran* dans le terrain.
Haute lisse : laine et soie.

H. 5 m. 15 c. — L. 4 m. 90 c.

71 Les soldats nez des dents du serpent tournent
leurs armes contr'eux-mêmes.

D'après *de Troy*.
Troisième pièce de la tenture de *Médée et Jason*.
Bordure comme les précédentes.
Signé : *Audran G.* (une fleur de lis), 1752, dans la bande in-
férieure ; seconde signature d'*Audran* dans le terrain à droite,
et, à côté : *De Troy, à Rome*, 1744.

H. 4 m. 15 c. — L. 4 m. 95 c.

72 Jason, infidèle à Médée, épouse Creuse, fille du roi
de Corinthe.

D'après *de Troy*.
Pièce de la tenture de *Médée et Jason*.
Bordure comme les précédentes.
Signé : *Cozette*, 1754, sur l'épaisseur des marches de l'autel.

H. 4 m. 10 c. — L. 5 m.

73 Médée poignarde les deux fils qu'elle avait eus
de Jason, embrase Corinthe et se retire à Athènes.

D'après *de Troy*.
Pièce de la tenture de *Médée et Jason*.
Signé : *De Troy, à Rome*, 1746.
Bordure comme les précédentes.

H. 4 m. 15 c. — L. 4 m. 80 c.

HISTOIRE DE DON QUICHOTTE.

74 Don Quichotte est servi par les demoiselles de la duchesse.

D'après *Ch. Coypel*.
Treizième pièce de la suite en quatorze pièces de l'*Histoire de Don Quichotte*, sur fond jaune damassé.
Le sujet est dans un médaillon entouré d'un encadrement chantourné à moulures, guirlandes de fleurs et paon ; double L aux angles inférieurs.
Bordure d'ornement sur fond bleu.
Signé : *Audran G.*, 1756, dans la bande, avec une seconde signature : *Audran*, dans les ornements en bas.
Haute lisse : laine et soie.

H. 3 m. 65 c. — L. 3 m. 80 c.

75 Sancho s'éveille et se désespère de ne plus retrouver son cher grison, qu'Egines de Rassamont luy enlève.

D'après *Ch. Coypel*.
Quatorzième pièce de l'*Histoire de Don Quichotte*, sur fond jaune damassé.
Même cadre et même bordure que la précédente.
Signé : *Cozette*, 1754, dans la bande. Seconde signature : *Cozette*, 1754, dans un rinceau inférieur à droite.
Haute lisse : laine et soie.

H. 3 m. 65 c. — L. 3 m. 85 c.

76 Mémorable jugement de Sancho.

D'après *Ch. Coypel.*
Troisième pièce de l'*Histoire de Don Quichotte*, à fond damassé
cramoisi.
Même cadre, avec un chien et un mouton en plus, que la pré-
cédente, et même bordure.
Les médaillons ovales des angles sont occupés par les lettres
L. J. B.
Signé : *Neilson, ex.*, 1775.
Haute lisse : laine et soie.

H. 3 m. 70 c. — L. 3 m. 80 c.

77 Cette pièce comprend deux sujets. — A droite :
Don Quichotte et Sancho, montés sur le cheval de
bois, s'imaginent traverser les airs pour aller venger
la Doloride. — A gauche : La Dorothée, déguisée en
berger, est trouvée dans les montagnes par le barbier
et le curé qui cherchent Don Quichotte.

D'après *Charles Coypel.*
Première pièce de la tenture de *Don Quichotte* à fond damassé
cramoisi.
Cadre à moulure et ornement couleur or, guirlandes de fleurs
et paon avec un chien et un mouton. — Bordure fond bleu à
losanges, médaillons ovales des angles sans chiffres.
Signé : *Audran*, en rouge, dans le terrain, à droite.
Haute lisse : laine et soie.

H. 3 m. 55 c. — L. 7 m. 20 c.

78 Don Quichotte guéry de sa folie par la Sagesse.

D'après *Ch. Coypel.*
Pièce de l'*Histoire de Don Quichotte* à fond damassé cramoisi.
Mêmes cadre et bordure que les précédentes.
Signé : *Cozette*, 1772, dans le fond, à droite.
Haute lisse : laine et soie.

H. 3 m. 50 c. — L. 3 m. 55 c.

79 Suite des Noces de Gamache. — Entrée de l'A-
mour et de la Richesse.

D'après *Ch. Coypel.*
Pièce d'une deuxième suite de l'*Histoire de Don Quichotte.*
En haut, le médaillon imitant le bronze de « *Brandimar.* » En bas l'inscription reproduite ci-dessus.
Signé dans la bordure inférieure à droite : *Lefebvre.*
Haute lisse : laine, soie et or.

H. 3 m. 50 c. — L. 2 m. 27.
Appartient à M. le marquis de Venneville.

80 La vieille Rodrigue va de nuit demander vengeance à don Cuichot de l'outrage fait à sa fille.

D'après *Ch. Coypel.*
Pièce d'une deuxième suite de l'*Histoire de Don Quichotte.*
En haut, un médaillon imitant le bronze de « *Roland.* » En bas, le titre du sujet reproduit ci-dessus.
Signé dans le fond en bas : *Ians.*
Haute lisse : laine soie et or.

H. 3 m. 50 c. — L. 1 m. 35 c.
Appartient à M. le marquis de Venneville.

81 Don Quichotte endormi s'imagine combattre un géant et perce des outres de vin (1).

D'après *Ch. Coypel.*
Pièce d'une deuxième suite de *Don Quichotte.*
En haut le médaillon imitant le bronze de *Roncevaux,* en bas l'inscription.
Signé en bas, à droite : IANS.
Haute lisse, laine, soie et or.

H. 3 m. 50 c. — L. 1 m. 35.
Appartient à M. le marquis de Venneville.

(1) Cette pièce et les deux précédentes ont un encadrement qui diffère entièrement de celui des suites sur fond jaune et sur fond cramoisi qui appartiennent à l'État. Peut-être ces trois pièces ont-elles été exécutées avant les autres.

SUJETS DIVERS.

82 Le Triomphe de Marc-Antoine.

D'après *Natoire* (1741).

Fait partie d'une série de trois pièces : *Sujets de l'Histoire ancienne.*

Le char de triomphe sort de la porte d'une ville escorté de danseurs et de joueurs d'instruments.

Sans bordure.

Signé : *Cozette*, 1786, en bas à droite; à gauche : *Ch. Natoire f.* 1741.

Haute lisse : laine et soie.

H. 3 m. 50 c. — L. 6 m. 75 c.

83 L'École d'Athènes.

D'après *Raphaël.*

De la suite des *Stanze du Vatican.*

Bordure imitant un cadre doré à canaux, fleurs de lys aux angles.

Haute lisse : laine soie.

H. 4 m. 50 c. — L. 7 m. 95 c.

(Escalier.)

84 Le Parnasse.

D'après *Raphaël.*

De la suite des *Stanze du Vatican.*

Bordure semblable à celle de l'*École d'Athènes.*

Signé : *Audran*, à droite.

Haute lisse : laine et soie.

H. 4 m. 50 c. — L. 6 m. 80 c.

(Escalier.)

85 Amphitrite sur les eaux.

D'après *Boucher.*

Première pièce d'une suite de cinq pièces : *Sujets de la Fable*.

Le sujet est enfermé dans un premier cadre rond entouré d'un fond de damas cramoisi, décoré de guirlandes de fleurs, tourterelles, etc. En bas, un grand vase bleu orné de fleurs et bouquets de fleurs aux angles, le tout dans un cadre imitant l'or orné de palmettes, et de rocaille aux angles.

Signé : *Neilson*, sur le cadre doré.

Haute lisse : laine et soie.

H. 4. m. 25 c. — L. 3 m. 60 c.

86 L'Aurore et Psyché.

D'après *Boucher*.

Deuxième pièce d'une suite de cinq pièces : *Sujets de la Fable*.

Même disposition de fond et de bordure qu'à la précédente. Certains ornements sont changés ; les fleurs, les animaux, le vase sont à la même place, mais différents.

Signé : *Neilson ex.*

Haute lisse : laine et soie.

H. 4 m. 25 c. — L. 3 m. 60 c.

87 Vénus et Actéon.

D'après *Boucher*.

Troisième pièce d'une série de cinq pièces : *Sujets de la Fable*.

Mêmes disposition de fond et bordure qu'aux précédentes. Un hérisson et un singe chasseur à droite et à gauche.

Signé : *Neilson ex.*, à gauche.

Haute lisse : laine et soie.

H. 4 m. 25 c. — L. 3 m.

XIXe SIÈCLE.

88 Marie-Antoinette et ses enfants.

Signé : Mme *Vigée Le Brun* 1787.

Sans bordure.

H. 2 m. 75 c. — L. 2 m. 10 c.

89 Les Pestiférés de Jaffa.

D'après *Gros*.
Achevé le 26 décembre 1814.
Sans bordure.
Haute lisse : laine.

H. 5 m. 32 c. — L. 7 m. 35 c.

90 Portrait du premier Consul.

Signé : *Gros, an* XI.
Haute lisse : laine.

H. 3 m. 10 c. — L. 2 m. 45 c.

91 Le Traité de Léoben.

Signé : *Guillon Le Thière*, 1805.
Fragment d'une tapisserie inachevée.
Haute lisse : laine.

H. 3 m. 30 c. — L. 1 m. 95 c.

92 Napoléon recevant les députés de l'armée.

D'après *Serangeli*.
Fragment de tapisserie inachevée.
Haute lisse : laine.

H. 3 m. 30 c. — L. 1 m. 95 c.

93 Un guerrier Croisé.

Debout tenant sa lance.
Haute lisse : laine.

H. 3 m. 30 c. — L. 0 m. 75 c.

94 Un guerrier Croisé.

Debout, ses deux mains appuyées sur son épée.
Haute lisse : laine.

H. 3 m. 25 c. — L. 0 m. 88 c.

95 Saint Louis servant de médiateur entre le roi d'Angleterre et ses barons.

D'après *Rouget*.
Haute lisse : laine.

H. 3 m. 40 c. — L. 4 m. 05 c.

96 François Iᵉʳ recevant le serment des Gantois révoltés.

Signé : *F. Rouget*, 1831.
Haute lisse : laine.

H. 3 m. 39 c. — L. 2 m. 98 c.

97 François Iᵉʳ confiant la garde de sa personne aux Rochelais.

Signé : *G. Rouget,* 1821.
Haute lisse : laine.

H. 3 m. 39 c. — L. 2 m. 98 c.

98 Saint Louis recevant les envoyés du Vieux de la Montagne.

Haute lisse : laine.

H. 3 m. 25 c. — L. 4 m. 80 c.

99 Henri IV présentant Crillon aux seigneurs de la cour.

Signé : *G. Rouget*, 1822.
Haute lisse : laine.

H. 3 m. 37 c. — L. 2 m. 26 c.

HISTOIRE DE MARIE DE MÉDICIS.

100 Naissance de Marie de Médicis.

Ces cinq tapisseries appartiennent à une tenture composée de treize pièces : l'*Histoire de Marie de Médicis*, exécutée d'après les peintures de Rubens, de 1822 à 1838.

Elles décoraient le palais de Saint-Cloud et ont été sauvées par les soins du Garde-meuble en 1870.

Haute lisse : laine.

H. 3 m. 90 c. — L. 2 m. 95 c.

101 Henri IV recevant le portrait de Marie de Médicis.

Haute lisse : laine.

H. 3 m. 90 c. — L. 3 m. 10 c.

102 Mariage de Marie de Médicis.

Haute lisse : laine.

H. 3. m. 10 c. — L. 3 m.

103 Naissance de Louis XIII

Haute lisse : laine.

H. 4 m. 05 c. — L. 3 m. 15 c.

104 Henri IV confie à Marie de Médicis le gouvernement du royaume.

Haute lisse : laine.

H. 4 m. 05 c. — L. 3 m. 18 c.

105 Bataille de Toloza.

D'après *Horace Vernet*.

Haute lisse : laine et soie, sans bordure.

H. 3 m. 80 c. — L. 4 m. 75 c.

106 Les Confidences ou le Secret.

D'après *Boucher*.
Haute lisse, sans bordure.

H. 1 m. 50 c. — L. 1 m. 20.

107 Amynthe et Sylvie.

D'après *Boucher*.
Haute lisse, sans bordure.

H. 1 m. 50 c. — L. 1 m. 20 c.

108 L'Automne et l'Hiver.

Panneau à médaillons et sujets sur fond rouge décoré de rinceaux et de sphinx.
Destiné au palais de Fontainebleau.

H. 3 m. 36 c. — L. 0 m. 99 c.

109 Combat de coqs.
D'après *Desportes*.

H. 1 m. 08 c. — L. 1 m. 40 c.

110 Les Dieux de la Fable.

Six feuilles de paravent, dessin en soie jaune et or sur fond
rouge.

H. 1 m. 20 c. — L. 0 m. 60 c.

111 Le Toucher.
Les figures sont de M. *Baudry*, les fleurs de M. *Chabal*, et les
ornements de M. *Diéterle*. — Fond jaune.
Panneau exécuté pour le palais de l'Elysée.

H. 3 m. 55 c. — L. 1 m. 52 c.

112 Deux bandes d'ornements et rinceaux sur fond
jaune.

D'après MM. *Diéterle* et *Chabal*.

H. 3 m. 55. — L. 0 m. 50 c. et 0 m. 70 c.

113 L'Été.

D'après M. *Chabal*.
Trois Amours dans les nuages, sur fond blanc, encadrés dans une guirlande de fleurs qui se détache sur un fond jaune.
Dessus de porte destiné au palais de l'Élysée.

H. 0 m. 94 c. — L. 1 m. 57 c.

114 Les Muses.

D'après le tableau de *Le Sueur*, du Musée du Louvre, qui a été agrandi.
Fond d'arabesques, vases et grotesques sur fond jaune.

H. 4 m. — L. 3 m.

115 Ecran.

Essai de combinaison de tapisserie et de tapis. Le fond est en tapisserie, les ornements en point de tapisserie.
Exécuté par *Ampenot*, élève, 1871.

H. 0 m. 97 c. — L. 0 m. 67 c.

116 Canapé complet (Siége et dossier).

Et dossier d'un autre canapé. Imitation de genre persan.
Fleurs dans un médaillon à fond d'or, entouré d'un fond bleu (1872).
Laine, soie et or.

H. 0 m. 63 c., et 0 m. 90. — L. 0 m. 65 c. et 0 m. 63 c.

117 Panneaux pour la rotonde dépendant du buffet de l'Opéra.

D'après les peintures de *M. Mazerolles*.
1º Le vin, signé : *Edouard Flament* 1873.

2º Les fruits, signé : *E. Marie*, 1873.
3º La chasse, signé : *A. Greliche*, 1873.
4º La pêche, signé : *E. Maloizel*, 1873.
5º La pâtisserie, signé : *Collin*, 1874.
6º Les glaces, signé : *C. Duruy*, 1874.
7º Le thé, signé : *Ernest Hupé*, 1874.
8º Le café, signé : *E. Maloizel*, 1874.
Tous ces panneaux ont la même mesure.

H. 3 m. 02 c. — L. 1 m. 03 c.

118 La Charité.

D'après le tableau d'*André del Sarte*, du Musée du Louvre.
Bordure imitant un cadre à ornements dorés sur fond bleu.
Signé, en bas à droite : *Callist Florent*. — *Gobelins*, 1873.
Haute lisse, laine.

H. 2 m. 50 c. — L. 1 m. 85 c.

119 La Sainte Famille et saint Jérôme.

D'après le tableau du *Corrége*, du Musée de Parme, par *M. Diogène Maillard*.
Bordure de fleurons sur fond rouge et bleu.
Exécuté et signé, en bas, à gauche : *F. Munier*. — *J. Lavaux*.
En bas, dans la bordure, la marque de la Manufacture, M G enlacés, traversés par une broche avec la date : 1874.

H. 2 m. 81 c. — L. 2 m. 10 c.

120 et **121** Justitia. — Comitas.

D'après *Raphaël*.
Les bordures et fonds ont été composés par M. *Lameire*.
La première exécutée par MM. *J. Lavaux* et *Marie*.
La seconde, par MM. *Ernest Flament* et *de Brancas*.
Ces panneaux sont destinés au Palais de Justice de Rouen.
Marque des Gobelins : M. G., enlacés et traversés par une broche. — 1875.

H. 2 m. 81 c. — L. 2 m. 04 c.

122 La Vierge et l'Enfant Jésus. ·

D'après *Sassoferrato*.

L'encadrement a été composé par *M. Ch. Durand*, d'après *Coypel*.

·Exécuté par *M. Fr. Munier*.

Dans la partie inférieure de l'encadrement, la marque des Gobelins, formée des lettres M. G. enlacées, traversées par une broche. — 1876.

H. 1 m. 47 c. — L. 1 m. 20 c.

123 Sainte Agnès (1).

D'après M. *L. Steinheil*.

Exécuté par M. *Maloizel*.

Marque des Gobelins ; un G traversé par une broche. 1876.

H. 1 m. 91 c. — L. 0 m. 76.

124 La Visitation.

D'après le tableau du Louvre de *Ghirlandajo*.

Bordure composée par M. *Lameire*.

Exécutée par MM. *Ed. Flament*, sous-chef, *Em. Flament* et *Cochery*.

On a employé dans cette tapisserie des fils d'or pur.

En bas, la date 1874-1876, avec la marque des Gobelins, un G traversé par une broche.

H. 2 m. 18. — L. 2 m. 14 c.

125 Pénélope (2).

Elle est assise devant un métier, reproduction exacte d'un métier antique figuré sur un vase grec.

Composition de M. *D. Maillart*.

H. 2 m. 35 c. — L. 1 m. 20 c.

---

(1) Cette tapisserie a été exécutée sur le dessin qui est exposé au-dessus d'elle, sur une chaîne et avec de la laine de tapis, en réduisant le plus possible le nombre des teintes employées.

(2) C'est la tapisserie qui est en cours d'exécution sur le métier de haute lisse monté par les Gobelins dans la grande salle d'angle de l'Exposition. M. A. Castel en a donné un croquis en tête de son livre sur les Tapisseries, paru récemment.

TAPISSERIES DE BEAUVAIS

TENTURES.

126 — 127 — 128 Tentures grotesques.

Trois pièces à motifs d'architecture, ornements, attributs, personnages et animaux dans le genre de *Bérain* sur fond jaune. Bordure formée par un cadre orné de courses de fleurs et feuilles d'ornement enroulées autour des fleurs.

Basse lisse laine et soie.

Dimensions : 1re pièce H. 3 m. 15 c. — L. 3 m. 75 c. ; 2e pièce : H. 3 m. 15 c. — L. 3 m. 90 c. ; 3e pièce : H. 3 m. 05 c. — L. 1 m. 72 c.

(Appartiennent à M. Bellenot.)

TENTURE CHINOISE.

D'après *Fontenoy*, *Vernansal* et *Dumont*.
Basse lisse, laine et soie.

129 Première pièce :

Un prince est assis sous un dais d'architecture baroque, sur un riche tapis oriental ; derrière lui un éléphant ; devant lui des Chinois et des Indiens prosternés. Une femme arrive à gauche dans un char. Fond de paysage. Signé en bas, à droite : *Beauvais*.

H. 3 m. 30 c. — L. 4 m. 85 c.

130 Deuxième pièce :

Devant une pagode sur les marches de laquelle est un savant tenant une sphère, un Chinois répand des fleurs ; derrière lui deux autres Chinois prosternés. Fond de paysage.

H. 3 m. 30 c. — L. 1 m. 68 c.

131 Troisième pièce :

Sous un pavillon soutenu par quatre légères colonnes, une femme, sur laquelle on tient un parasol déployé, prend une tasse de café. Devant elle une autre femme agenouillée lui présente des fruits. Fond de paysage.

H. 3 m. 30 c. — L. 1 m. 57 c.

(Ces trois pièces appartiennent à M. Félix Baldairoux.)

132 La Diseuse de bonne aventure.

Composition attribuée à *Boucher*.
Bordure, imitation de cadre doré à feuilles de chêne.
Basse lisse, laine et soie.

H. 2 m. 50 c. — L. 2 m. 70 c.

Cette tapisserie et la suivante sont connues sous le nom de *Pastorales*.

133 Un berger et une bergère.

Composition attribuée à *Boucher*.
Bordure imitant un cadre doré.
Basse lisse, laine et soie.

H. 2 m. 50 c. — L. 2 m. 25 c.

134 Evanouissement d'Armide (1).

Armide au milieu de son palais s'évanouit, tandis que Renaud entraîné par d'autres guerriers s'apprête à la quitter.
A droite, signée : *C. Coypel — Cozette* 1767.
Basse lisse, laine et soie.

H. 3 m. 40 c. — L. 3 m. 55 c.

135 Le Sommeil de Renaud.

Armide s'apprête à percer d'un poignard Renaud endorm sous un arbre et entouré d'Amours.

(1) Cette pièce et celles qui sont inscrites sous les nos 135, 133 et 137 ont été acquises par le Mobilier national, en 1861, de M. le baron Lajus.

Basse lisse, laine et soie.
H. 3 m. 60 c. — L. 3 m. 30 c.

136 Psyché contemplant l'Amour.

Elle lève la lampe vers l'Amour endormi sur son lit.
Basse lisse, laine et soie.
H. 3 m. 55 c. — L. 2 m. 35 c.

137 L'Amour offensé.

Il s'élève dans les airs et abandonne Psyché qui, parée de somptueux vêtements, semble l'implorer et tend les mains vers lui.
Basse lisse, laine et soie.
H. 3 m. 55 c. — L. 2 m. 40 c.

138 — 139 — 140 Pastorales ou les Bohémiens.

D'après *Le Prince*.
1re pièce : Des Femmes à cheval, un Ermite, un Troupeau.
H. 3 m. 73 c. — L. 2 m. 80 c.
2e pièce. A gauche : un Déjeuner sur l'herbe; à droite : des femmes arrêtées au bord d'une cascade sortant d'une ruine.
H. 3 m. 73 c. — L. 6 m. 25 c.
3e pièce. Des Chasseurs conduisant des chiens.
H. 3 m. 73 c. — L. 1 m. 50 c.
Basse lisse, laine et soie.
Ces tapisseries, sans bordure, ont dû être placées dans un salon avec des encadrements.

141 Le Choc.

D'après *Loutherbourg*.
Un cavalier se bat contre un paysan armé d'un sabre.
Basse lisse, laine et soie.
En bas on lit, après une fleur de lis : *D. M. Beauvais*.
Bordure imitant un cadre doré.
H. 3 m. 55 c. — L. 2 m. 70 c.

142 Combat de Cavaliers.

D'après *Loutherbourg*.
Bordure imitant un cadre doré.
Basse lisse, laine et soie.

H. 3 m. 55 c. — L. 3 m. 70 c.

143 La Chasse aux canards.

D'après *Casanova*.
Deuxième pièce d'une série de six pièces de *Chasses et scène pastorales*.
Chasseurs en bateau tirant sur des canards au bas d'un gra escalier.
Bordure imitant un cadre doré.
Basse lisse, laine et soie.

H. 3 m. 75 c. — L. 5 m. 10 c.

144-145 Deux portières semblables.

L'une avec des fleurs de lis, l'autre aux armes de Pologne dans les angles. Diane est représentée dans un cadre à oves entouré de guirlandes et de fleurs ; en bas, deux nymphes et une tête de cerf qui supporte des attributs.
Basse lisse, laine et soie.

H. 3 m. 48 c. — L. 2 m. 60 c.

146 Le Loup, l'Agneau. — La Lice et sa compagne. — Le Cerf se mirant dans l'eau.

D'après *Oudry*.
Troisième pièce d'une série de trois pièces de fables dé La Fontaine.
Signé : *Besnier, Beauvais* (1).
Basse lisse, laine et soie.

H. 3 m. 60 c. — L. 2 m. 80 c.

(1) Après le nom de Besnier, on lit les lettres E O avec un signe abréviatif ; mais ces lettres paraissent avoir été refaites.

147 L'Enlèvement de Proserpine.

D'après *Vien*.
Bordure fond jaune ombré.
Signé en bas : *A. C. C. Beauvais*. A gauche : *Jos. M. Vien,* 1757.
Basse lisse, laine et soie.

H. 4 m. — L. 3 m. 30.

148 L'Enlèvement d'Europe.

D'après *Pierre*.
Bordure imitant un cadre doré.
Exécutée par *Cozette* en 1775. — Signé en bas dans la bande :
(fleurs de lis) *A. C. C. Beauvais*.
Basse lisse, laine et soie.

H. 4 m. — L. 3 m. 40 c.

149 La Cueillette des cerises.

Les sujets de cette pièce et des quatre suivantes sont encadrés
par deux palmiers supportant une étoffe bleue brodée d'or;
le tout enfermé dans un cadre de feuilles et de fleurs. Deux
seulement ont conservé une partie de cadre doré à fond bleu.
Cette suite de cinq pièces a été exécutée d'après les dessins de
Boucher.
Basse lisse, laine et soie.

H. 2 m. 95 c. — L. 4 m.

150 L'Offrande à l'Amour.

Basse lisse, laine et soie.

H. 2 m. 75 c. — L. 2 m. 85 c.

151 La Balançoire.

Basse lisse, laine et soie.

H. 3 m. — L. 1 m. 95 c.

152 La Sculpture. (Une femme sculptant un buste de Louis XV.)

Basse lisse, laine et soie.

10.

153 La Peinture.

(Mêmes dimensions que la sculpture.)

H. 2 m. 95 c. — L. 4 m.

154 Les Sciences.

155 Les Arts.

Deux portières en basse lisse, laine et soie, du temps de la Restauration.

H. 3 m. 50 c. — L. 2 m. 70 c.

156 Portière aux armes de France.

Au centre, des attributs guerriers sur fond jaune, entourés d'une guirlande ovale de fleurs de lis. Autour, des palmes, cornes d'abondance, etc., sur fond grisaille. En haut, la couronne royale entourée de rayons.

Basse lisse, laine et soie.

H. 3 m. 30 c. — L. 3 m.

157 Vases, fleurs et épagneuls.

Basse lisse, laine et soie.
Signé : *Beauvais*, 1816.

H. 1 m. 50 c. — L. 1 m. 15 c.

158 Fleurs dans un vase sur une table de marbre.

D'après *van Dael*.
Basse lisse, laine et soie.
Signé : *Van Dael*, 1823. — Mre R^le *de Beauvais. Lefèvre-Génie.*

H. 1 m. 20 c. — L. 0 m. 80 c.

159 Paysage.

D'après *Michalon*.
Signé : *Beauvais* 1837. — *Vellaud Felix fecit.* — *Michallon* 1827.

H. 1 m. 33 c. — L. 1 m. 60 c.

160 Fruits.

D'après *Desportes*.
Signé : *Basse lisse à l'endroit. Beauvais* 1831. — *Vellaud, Félix*

H. 1 m. 10 c. — L. 0 m. 90 c.

161 Chien en arrêt sur des perdreaux.

D'après *Oudry*.
En bas dans le tissu, cette inscription :
Basse lisse à l'envers, Michel Vellaud. — *Beauvais* 1832.

H. 1 m. 72 c. — L. 1 m. 25 c.

162 Fruits, gibier, attributs de chasse et de musique.

Panneau encadré d'après *Desportes*.
Signé : *Manufacture impériale de Beauvais.*— *Chevalier (Eug.)
et Dufour*, 1855.

H. 2 m. 35 c. — L. 1 m. 70 c.

163 La Lice et sa compagne.

D'après *Oudry*.
Le sujet est enfermé dans un encadrement d'ornements
bleus et roses sur fond blanc. Bordure vert d'eau.
Beauvais, octobre 1856.

H. 2 m. 75 c. — L. 1 m. 60 c.

164 Chien gardant deux lièvres dans un paysage.

D'après *Desportes*.
Encadré.

H. 1 m. 10 c. — L. 1 m. 35 c.

PETITS MEUBLES, ÉCRANS, CANAPÉS, FAUTEUILS

165 Ecran en tapisserie, au petit point.

Monté en bois sculpté et doré.
Chasseurs et vendangeurs sur fond de paysage.

H. 1 m. 20 c. — L. 0 m. 74 c.

166 Ecran.

Monté en bois sculpté et doré. Médaillon central ovale renfermant un berger et une bergère, entouré de guirlandes de fleurs.

H. 1 m. 57 c. — L. 0 m. 90 c.

167 Ecran.

Monté en bois sculpté et doré.
Grappes de raisin et pêches, dans une niche ; fond de muraille ; en bas : un bas-relief représentant des enfants.

H. 1 m. 35 c. — L. 0 m. 84 c.

168 Ecran.

Monté en bois sculpté et doré.
Un cavalier sur un cheval blanc, suivi d'un nègre, fond de ciel.

H. 1 m. 10 c. — L. 0 m. 67 c.

169 Ecran.

Monté en bois sculpté et doré.
Branches de laurier et rinceaux, autour d'un motif central, sur fond blanc.
Bordure d'ornements sur fond grenat.

H. 1 m. 49 c. — L. 0 m. 97 c.

170 Ecran. Garde-française et contrebandier.
Non monté.

> H. 0 m. 70 c. — L. 0 m. 60 c.

171 Ecran. Enfants lisant dans un parc.
D'après *Boucher*.

> H. 0 m. 92 c. — L. 0 m. 67 c.

172 Trois cavaliers dans un paysage. Feuille d'écran.
D'après *Casanova*.

> H. 0 m. 85 c. ; L. 0 m. 70 c.

173 Marines et figures.

Un canapé, dossier et siége, en tapisserie de Beauvais. Personnages et animaux, fond de paysage. Dessin très-ancien.
Dimensions du siége : H. 0 m. 90 c. — L. 2 m. 45 c.
Dimensions du dossier : H. 0,65 c. — L. 1 m. 80 c.

174 Quatre dossiers de fauteuils.
Scènes champêtres dans des paysages.

175 Le Coq. — La Cigogne. — Les Poules.
Trois dossiers de fauteuils en tapisserie de Beauvais, avec animaux, sur fond blanc, bordure violette.

> H. 0 m. 55 c. — L. 0 m. 62 c.

176 Le Paon.

Dossier de fauteuil. Bordure chantournée de fleurs et rocailles, fond gris.

> H. 0 m. 78 c. — L. 0 m. 85 c.

177 Dossier et siége de canapé.

Draperie verte, médaillon bleu, bordure brune.

D'après un meuble de l'époque de Louis XVI.

H. 0 m. 75. L. 2 m. 30 c.

178 Le Coq et la Perle. — Le Loup et l'Agneau.

(Fables de La Fontaine.)
Dessus de canapé en tapisserie de Beauvais, bordure violette.

H. 0 m. 75 c, — L. 1 m.

179 Un siége de causeuse.

Fond blanc, orné de fleurs et rinceaux.

H. 1 m. — L. 1 m. 45 c.

180 Canapé (dossier et siége).

D'après M. *Chabal.*
Formé de bouquets et de fleurs se détachant sur fond blanc,
entourés d'une bordure rose.
(Encadré.)

H. 0 m. 95. — L. 1 m. 90 c.

181 Canapé (siége et dossier).

Bouquet de fleurs sur fond rosâtre.
Dehors vert.
Fauteuil semblable.
Dimensions du siége du canapé : H. 0 m. 75 c.; L. 2 m. 10 c.

182 Dessus de banquette sur fond vert, orné de rinceaux, genre Empire.

Médaillon central avec un N sur fond rose.

H. 0 m. 70 c. — L. 2 m. 10 c.

183 Canapé et fauteuil

A médaillon central, orné d'attributs champêtres sur fond vio-
et, bordure chamois décorée de rinceaux et de fleurs, sur fond
vert bouteille.

184 Deux canapés et deux fauteuils.

Siéges et dossiers à guirlandes de fleurs avec fruits, et à cornes d'abondance sur fond chamois.

185 Canapé et trois fauteuils.

Aux armes royales entourées de guirlandes de fleurs sur fond blanc, le tout entouré d'une bordure brune.
Dimensions du canapé : H. 0 m. 70 c.; L. 2 m. 40 c.

186 Siége de canapé.

Médaillon bleu ovale entouré de fleurs et de rinçeaux sur fond blanc, encadrement brun.

H. 1 m. — L. 2 m. 40 c.

187 Écran (1).

D'après M. *Chabrol.*
Bergère dansant dans un paysage, au milieu d'un médaillon ovale encadré d'architecture et de guirlandes de fleurs et de fruits. Dehors bleu.

H. 1 m. 10 c. — L. 0 m. 95 c.

188 Fauteuil (siége et dossier).

D'après M. *Chabrol.*
A bouquet de fleurs, tulipes et giroflées dans un milieu à fond blanc entouré d'une bordure bleue.

189 Paravent à six feuilles.
Décoré de couronnes, aigles et abeilles sur fond cramoisi.
Dimension de chaque feuille : H. 1 m. 23 c. — L. 0 m. 55 c.

(1) Cet écran et le fauteuil qui suit font partie du meuble dit « Meuble de la princesse de Prusse, » ainsi nommé parce qu'un ameublement de salon complet de ce modèle fut offert, sous le dernier Empire, à la princesse d'Angleterre, à l'occasion de son mariage avec le prince de Prusse.

TAPIS DE LA SAVONNERIE

190 Tapis de la Savonnerie.

Velours de soie, soleil et corbeilles de fleurs, entouré d'une guirlande de fleurs et d'armes sur fond jaune échiqueté, couronne et armes royales.

H. 3 m. 45 c. — L. 2 m. 90 c.

191 Bouquets de fleurs.
Ecran.

H. 0 m. 85. — L. 0 m. 60 c.

192 Deux pièces de tapis d'après les modèles anciens exécutés pour la décoration de la galerie d'Apollon.

Au centre, dans un caisson, le soleil dans l'un, et dans l'autre le globe terrestre, flanqués de corbeilles de fleurs ; en haut et en bas, dans des niches, des figures imitant le bronze, sur les côtés desquelles se développent des rinceaux terminés par des cornes d'abondance.
Bordure à grelots.
Dimensions : 4 m. 51 c. sur 8 m. 95 c.,

et 4 m. 60 c. sur 8 m. 95 c.

193 Moitié du tapis destiné au salon du Pape au palais de Fontainebleau.

D'après *M. Jules Diéterle*.

H. 5 m. 25 c. — L. 9 m. 09 c.

194 Banquette d'ornement destinée au palais de Compiègne.

Dessin de Godefroid, d'après un motif du xviiie siècle.

H. 1 m. — L. 2 m. 34 c.

195 Ecran.

Semis de roses exécuté par *Jacque*.

H. 0 m. 95 c. — L. 0 m. 58 c.

TAPISSERIES AU PETIT POINT

196 Tapis de table en tapisserie au petit point.

Acheté chez Vail en 1868.
Epoque Henri II.

197 Deux lambrequins en tapisserie au petit point, exécutés par les demoiselles de Saint-Cyr, sous la direction de Mme de Maintenon.

H. 0 m. 50 c. — L. 1 m. 75 c.

ANCIENNES FABRIQUES PARISIENNES

XVIe ET COMMENCEMENT DU XVIIe SIÈCLE (1).

198 Présentation du jeune prince.

Deuxième pièce de la tenture d'*Artémise*, en six pièces.
D'après *Antoine Caron*.

Un vieillard couronné de laurier présente un livre au jeune prince, conduit par sa mère. Derrière la reine, des guerriers. Fond d'architecture.

Bordure d'ornement avec médaillons en camaïeu sur fond

---

(1) Les désignations données par le Garde-meuble ont été conservées, car elles proviennent d'anciens inventaires qui ont pour eux l'autorité de la tradition. Le temps manquait d'ailleurs pour les contrôler ou les contester avec épreuves à l'appui.

bleu. Dans la partie supérieure, la Diane de Fontainebleau dans un cartouche ovale.

Laine et soie.

Marque en bas, à g. : P devant une fleur de lis. Dans la bordure latérale de droite : I. B. V.

Fabrique royale de Paris, vers 1570.

H. 3 m. 95 c. — L. 5 m. 70 c.

199 Education du jeune prince.

Première pièce de la tenture *d'Artémise* en six pièces, d'après Ant.-Caron (1).

Dans une grande salle, fermée seulement de colonnes ioniques, la reine, assise devant une table, écrit des caractères que des savants expliquent au jeune prince. Au fond de la salle, une cheminée ornée de sculptures et décorée d'une Diane couchée dans un cadre ovale.

Bordure d'ornements avec médaillons décorés de figures en camaïeu sur fond bleu.

Laine et soie.

Marque : P après une fleur de lis, V surmonté d'un I et d'un F ou B.

Fabrique royale de Paris, vers 1570.

H. 3 m. 85 c. — L. 5 m. 20 c.

200 Le Triomphe.

D'après *Lerambert*.

Troisième pièce d'une tenture, dite *d'Artémise*, en sept pièces, faite pour Marie de Médicis.

Un char triomphal portant Apollon, les Grâces et les Muses et traîné par deux licornes, s'avance vers un temple, escorté de

(1) De 1570 à 1660, les ateliers royaux fabriquèrent dix tentures d'Artémise, les unes de dix, d'autres de quinze pièces, et les cartons furent plusieurs fois remaniés.

Les deux premiers sujets ici exposés paraissent appartenir à une tenture exécutée à la fin du XVIe siècle, tandis que les nos 200, 201, 202 et 203 datent plutôt du règne de Marie de Médicis.

musiciens et précédé de femmes tenant sur leurs têtes de hautes corbeilles de fleurs.

Bordure à rinceaux sur fond bleu, avec les chiffres M. A. enlacés et couronnés, quatre fois répétés. Écussons aux armes de France et de Navarre au centre de la partie supérieure.

Tissu : laine et soie.

Première fabrique des Gobelins vers 1630. Pas de marque.

H. 4 m. 90 c. — L. 6 m. 35 c.

201 Le Triomphe (composition différente de la précédente).

D'après *Lerambert*.

Septième pièce d'une suite d'*Artémise*, en huit pièces, se composant presque exclusivement de Triomphes.

Un guerrier couronné de lauriers est assis entre Pallas et Cérès sur un char rempli d'armes et de fleurs et traîné par deux lions, escorté par des guerriers portant des étendards. Fond de paysage et de ville avec plusieurs groupes de personnages.

Bordure avec figure, chiffres du roi Henri et de Marie de Médicis. En haut : écusson aux armes de France et de Navarre.

La bande où pouvait se trouver la marque a été remplacée.

Tissu : laine et soie.

H. 4 m. 90 c. — L. 5 m. 10 c.

202 Siége d'une masure (sujet allégorique).

D'après *Lerambert*.

Troisième pièce d'une tenture d'*Artémise* en onze pièces.

Des guerriers traversent un pont, à la suite d'un officier tenant un drapeau, et marchent vers une masure entourée d'eau derrière laquelle on voit des femmes se promener dans un jardin.

Bordure de guirlandes de fruits sur fond brun, avec figures et personnages. En haut, les armes de France et de Navarre. En bas, un H traversé par une épée avec deux sceptres en sautoir (Henri IV). Le chiffre de Marie de Médicis, M. A., couronné, est deux fois répété en haut et en bas.

Tissu : laine, soie et or.

Marque : une fleur de lis entre deux P, dans la bande inférieure, à gauche. A droite, N III et un V surmonté d'un D et d'un E sur la bande de droite.

Fabrique royale de Henri IV, vers 1610.

H. 4 m, 15 c, — L. 6 m.

203 Combat singulier.

D'après *Lerambert*.

Quatrième pièce d'une tenture d'*Artémise*, en onze pièces.

Les deux guerriers se livrent combat dans un palais de riche architecture ; au fond de la salle, à droite et à gauche, des femmes assises ou debout et autres spectateurs.

Même bordure qu'au *Siége d'une masure*.

Tissu : laine, soie, or.

Pas de marques ; mais la bordure indique suffisamment que cette pièce sort de la même fabrique que la précédente.

Fabrique royale fondée par Henri IV, vers 1610.

H. 4 m. 15 c. — L. 3 m. 30 c.

204 Apparition des trois anges à Jacob.

Le sujet est renfermé dans un cartouche central cintré par le haut. A droite, Jacob agenouillé et, devant lui, les trois anges portant des bâtons de pèlerins ; dans le fond, une ville.

Ce cartouche est entouré d'un encadrement d'arabesques sur fond rouge, avec des figures à pieds de bouc.

Au milieu de cet encadrement sont suspendus des chapeaux de cardinaux.

Autour de la tapisserie règne une bordure de fleurs et de fruits, sur fond jaune, avec oiseaux, mascarons et grotesques.

Tissu : laine et soie.

(Deuxième moitié du xvie siècle.)

H. 3 m. 05 c. — L. 2 m. 54 c.

Appartient à M. Maillet du Boulay.

205 Chasse de Méléagre.

Au milieu, le chasseur va enfoncer sa pique dans la tête du sanglier à demi caché par la bordure. Derrière Méléagre, une femme qui tient un arc et une flèche.

Bordure de fruits, coupée de médaillons décorés de figurés et d'attributs de chasse.

Tissu : laine et soie.

Signé, dans la bordure de droite, de deux *C* enlacés.

Ces lettres sont peut-être la marque de *Charles Coomans* qui mourut en 1634, laissant la direction de la manufacture à son frère Alexandre.

H. 3 m. 35 c. — L. 3 m. 70 c.

206 Elie enlevé au ciel sur un char de feu.

Il disparaît en haut, à droite, et jette son manteau à Elisée agenouillé au milieu. A gauche, des personnages debout et assis semblent discuter sur la scène qui se passe sous leurs yeux. Fond de paysage.

Même bordure qu'au *Sacrifice d'Abraham* (n° 207).

Quatre médaillons en camaïeu bleu aux quatre angles. Ecusson d'attente dans la bordure supérieure.

Laine, soie, or et argent.

Dans la bordure de droite se trouve la marque suivante : un *A* tissé en fil d'or au-dessus d'une fleur de lis mi-partie jaune et or.

H. 3 m. 80 c. — L. 4 m.

207 Le Sacrifice d'Abraham.

Isaac, chargé d'un fagot, s'avance vers la gauche où le Père Eternel apparaît au milieu d'un groupe de chérubins. Abraham suit son fils en relevant son manteau. Fond de paysage.

Encadrement en grisaille sur fond coloré, composé de groupes d'enfants et de guirlandes de fruits. Dans les angles, sujets en camaïeu, relatifs à l'histoire d'Isaac, sur fond bleu. Ecusson d'attente dans le haut de la bordure.

Laine, soie, or et argent.

Signé, à droite, en bas : *A. C.* Il est probable que ces lettres sont les initiales d'*Alexandre Coomans*, directeur de la manufacture des Gobelins à partir de 1634. Ces lettres sont tissées en fils d'or. Au-dessous, la marque : *V. I. D.* ou *V. I. P.*, formant monograme (v. n°s 2 et 208). Dans la bordure inférieure : P.

H. 4 m. 10 c. — L. 3 m. 80 c.

208 Aréthuse (?) métamorphosée en fontaine.

La nymphe est assise à droite dans un paysage sur le bord d'une fontaine. L'eau jaillit de ses yeux et de ses doigts. A gauche, Diane, suivie de chasseurs, s'avance vers elle.

Bordure de roses avec feuillages; dans les angles, des tiges entrelacées; de chaque côté, un médaillon renfermant une figure en camaïeu gris, sur fond bleu.

Marque dans la bande à droite : A. C. (*Alexandre Coomans?*) au-dessous : V I D. formant un monogramme (ou V. I. P.).

H. 3 m. 48 c. — L. 3 m. 10 c.

Appartient à M. Bellenot.

209 Histoire de saint Crépin et saint Crépinien.

Pièce d'une suite qui se composait de quatre tapisseries divisées chacune en trois parties dont le sujet est inscrit au bas de chaque compartiment. Trois de ces tapisseries ont été détruites aux Gobelins par l'incendie de 1871. Cette perte est d'autant plus regrettable que, sur l'une des pièces détruites, se lisait une inscription indiquant qu'elles sortaient de la fabrique de la Trinité, rue Saint-Denis. En haut de la pièce sauvée de l'incendie, et qui était sans doute la première de la série, on lit :

« *Régnant Louis le Juste, XIII de ce nom, roy de France et de Navarre, ces quatre piesses de tapisserie représentant la vie é martire de S. Crépin et Crespinian ont esté faict es années 1634 é 35 des bienfaists des maistres cordonniers pour servir é décorer leurs chapelle fondée en l'églize Notre-Dame de Paris.* »

La composition est divisée en trois sujets dont voici les lé-légendes :

1º A gauche : « *St. Crespin et saint Crespinian, enfans d'un sénateur romain, après avoir vendu et distribué leurs biens aux pauvres, viennent en France.* »

2º Au milieu : « *Arrivez qu'ils sont à Soissons, la nécessité les contraint d'employer le travail de leurs mains et d'apprendre d'eux mesme à faires des soulliers.* »

3º A droite : « *Les Empereurs entendent qu'ils estoient crétiens les donnes au provost qui les fait poullier par-dessous les escelles et fouetter cruellement.* »

Bordure de fruits sur les côtés et en haut. Au milieu des

bordures latérales sont placés deux médaillons allongés en camaïeu vert où les saints sont représentés faisant des souliers.
(Ces camaïeux étaient reproduits sur les quatre pièces.)

En haut, dans les angles, deux figures en camaïeu gris sur
fond brun représentant, à gauche : une Vierge (ou une Charité) ;
à droite : un saint.

H. 3 m. 70 c. — L. 5 m. 20 c.

Musée des Gobelins

210 Vision de Constantin.

De la tenture dite *de Constantin*, d'après *J. Romain*.

Constantin, placé à gauche, tend les mains vers la croix qu'on
aperçoit dans le ciel, et vers laquelle se tournent les guerriers
portant les étendards romains qui sont devant lui.

Bordure ombrée à feuilles de laurier.

H. 3 m. 60 c. — L. 3 m. 85 c.

211 Passage du Ponte-Molle.

D'après *J. Romain* (?).

Première pièce [d'une autre tenture *de Constantin*, de neuf
pièces,

Bordure ornée de fleurs de lis et de branches de laurier. En
haut, un soleil; en bas, les armes de France surmontées de la
couronne royale et entourées du cordon du Saint-Esprit. Aux
quatre angles, des fleurs de lis supportées par des génies.

Laine, soie et or.

H. 4 m. 75 c. — L. 7 m. 75 c.

212 Une Bataille.

D'après *J. Romain* (?).

Troisième pièce de la tenture dite *de Constantin*, composée de
quatre pièces.

Bordure formée de rinceaux, de fruits et de têtes avec cartouches vides. En haut, le monogramme du Christ.

Marque : P (*Paris*) devant une fleur de lis, dans la bordure
inférieure à droite. Sur le côté droit, F M, et au-dessous T H (en
monogrammes).

Fabrique royale de Paris, vers 1610.

H. 4 m. 60 c. — L. 6 m. 45 c.

213 Mariage de Constantin.

Première pièce d'une suite de tentures *de Constantin,* de quatre pièces.

D'après *Jules Romain* (?).

Bordure d'arabesques, fleurs, fruits sur fond noir. Au milieu de la bordure supérieure, le monogramme du Christ, et, au bas, un aigle tenant dans le bec un serpent.

Marque dans la bande inférieure : P devant une fleur de lis, et dans celle de droite : M et F, et au-dessous : H et T (en monogrammes).

Basse lisse : laine, soie et or.

H. 4 m. 60 c. — L. 5 m. 65 c.

(Escalier.)

214 Mariage de Constantin (composition différente de la précédente).

Cinquième pièce d'une tenture *de Constantin*, en huit pièces.
D'après *Jules Romain* (?).

La composition est identique à celle de la pièce précédente seulement le tissu de la partie centrale est broché de fils d'or, et la bordure se détache sur un fond de fils d'or.

Marques en monogrammes formés des lettres H T et M F. Dans des cartouches rouges qui se trouvent sur les bordures latérales, on lit les lettres C A R.

Haute lisse : laine, soie et or.

H. 4 m. 80 c. — L. 6 m.

(Escalier ouest.)

215 La Religion montre la vraie croix.

Deuxième pièce de la tenture *de Constantin.*
D'après *Jules Romain.*

Bordure ornée de palmes, de fleurs, de cartouches et de têtes;

en haut, le monogramme du Christ; en bas, un aigle tenant un serpent.

Signée sur la bande de droite : T H, et au-dessus : F M.
Basse lisse, laine, soie et or.

H. 4 m. 60 c. — L. 4 m. 70 c.

(Escalier.)

216. Constantin recevant le gouvernail.

Quatrième pièce de la tenture *de Constantin* (nº 213).
D'après *Jules Romain.*
Même bordure qu'au *mariage de Constantin.*
Marque P avec la fleur de lis; en bas et à droite : M F.
Haute lisse, laine, soie et or.

H. 4 m. 60 c. — L. 4 m. 10 c.

(Escalier.)

217 Passage de Ponte-Molle.

Deuxième pièce de la tenture *de Constantin.*
D'après *Jules Romain.*
Même bordure, mêmes marques et même monogramme qu'au *mariage de Constantin* (nº 213). En bas dans la bande, la lettre P devant la fleur de lis.

H. 4 m. 85 c. — L. 7 m. 45 c.

(Escalier ouest.)

218 Baptème de Constantin.

Première pièce d'une *tenture de Constantin*, d'après des dessins attribués à *Rubens* (?).
Bordure à rinceaux et rosaces. Ecusson aux armes de France.

H. 4 m. 80 c. — L. 4 m. 80 c.

(Escalier.)

219 Vision de la Croix.

Quatrième pièce d'une *tenture de Constantin*, d'après des dessins attribués à *Rubens.*

11.

Même bordure qu'au *Baptême de Constantin*.

H. 4 m. 80 c. — L. 5 m. 90 c.
(Escalier.)

220 Remise du gouvernail.

Sixième pièce d'une *tenture de Constantin*, d'après des dessins attribués à *Rubens*.
Même bordure qu'au *Baptême de Constantin*.

H. 4 m. 70 c. — L. 4 m.
(Escalier.)

221 Baptême de Constantin.

Deuxième pièce d'une *tenture de Constantin*.
D'après *Jules Romain*.
Bordure d'encadrement formée de fleurs de lys.
Bordure latérale d'enfants supportant des armes, boucliers, etc., avec des écussons aux armes de France et de Navarre.
Laine, soie, or et argent.

H. 4 m. 30 c. — L. 4 m. 80 c.
Escalier ouest.)

222 Mariage de Constantin.

Première pièce d'une *tenture de Constantin* en six pièces, dite *petite tenture de Constantin*.
D'après *Jules Romain*.
Mêmes bordures et même tissu qu'au *Baptême de Constantin* (nº 221).

H. 4 m. 25 c. — L. 5 m. 90 c.
(Escalier ouest).

223 Vision de la Croix.

Troisième pièce d'une *tenture de Constantin*.
D'après *Jules Romain*.
Mêmes bordures et même tissu qu'au *Baptême de Constantin* (nº 221)

H. 4. m. 25 c. — L. 4 m. 90 c.
(Escalier ouest.)

FABRIQUE ANGLAISE DE MORTLAKE

224 La Pêche miraculeuse de saint Pierre.

D'après *Raphaël*.
Première pièce de la série dite : *Les Actes des apôtres*, dont les cartons sont presque tous au palais d'Hampton-Court.
Bordure d'enfants avec des attributs de pêche. Médaillons en camaïeu jaune aux angles et figures en bronze.
Marque : P S en monogramme, enlacés sur la bande de droite. Écusson d'argent à la croix de saint Georges sur la bande du bas, à droite. Au bas de l'inscription latine relative au sujet et contenue dans le cartouche placé au milieu de la bordure inférieure, on lit : *Car. re. reg. Mortl.* En haut les armes d'Angleterre.
Cette suite, faite évidemment par des ouvriers flamands et qui sort de la fabrique de Mortlake, fondée par Charles Ier, est aussi remarquable par la perfection des patrons que par la beauté du tissu ; elle est malheureusement fort endommagée et aurait grand besoin d'une réparation. — Les figures d'enfants groupés dans les bordures sont dignes des belles compositions qu'elles encadrent et ont été évidemment dessinées par un artiste éminent, peut-être par un des meilleurs élèves de Rubens qui fit acheter ces tapisseries par le roi d'Angleterre.
Haute lisse : soie, laine, or et argent.

H. 5 m. 30 c. — L. 5 m. 70 c.

225 Jésus-Christ apparaissant à ses apôtres après sa résurrection, et instituant saint Pierre pasteur.

D'après *Raphaël*.
Deuxième pièce de la série des *Actes des Apôtres*.
Bordure à cartouches et à camaïeux, avec de grandes figures aux angles et des anges ; dans le haut : écusson aux armes d'Angleterre.
Marque S P sur la bande droite. En bas, à droite : un écusson d'argent à la croix de saint Georges.
Haute lisse : Soie, laine, or et argent.

H. 5 m. 30 c. — L. 6 m. 90 c.

226 Saint Pierre et saint Jean guérissant un possédé à la porte du temple.

D'après *Raphaël*.

Troisième pièce de la suite des *Actes des Apôtres*.

Bordure d'enfants portant des attributs (clefs, masques, miroir, agneau) alternant avec de grandes figures et des médaillons en camaïeu jaune.

En haut, les armes d'Angleterre; en bas, une inscription latine et au-dessous : *Car. re. reg. Mortl.*

Marque sur la bande de droite : F. C., monogramme de *Francisque Crane*, premier directeur de la manufacture anglaise. Le monogramme S. P. est probablement celui de son successeur. — Renseignement communiqué par M. Pinchart.

En bas, à droite : P D M, devant l'écusson d'argent à la croix de saint Georges.

Haute lisse : Soie, laine, or et argent.

H. 5 m. 20 c. — L. 6. m. 90 c.

227 Saint Paul prêchant à Athènes (1).

D'après *Raphaël*.

Septième pièce de la série des *Actes des apôtres*.

Bordure formée d'enfants et de guirlandes de fleurs et de fruits. Grandes figures de bronze sur les côtés. Armes d'Angleterre en haut. En bas, inscription latine et au-dessous : *Car. re. reg., Mortl.*

Marque P S̈ enlacés sur la bande de droite et écusson d'argent à la croix de saint Georges en bas, à droite.

H, 5 m. 30 c. — L, 6 m. 20 c.

228 Vulcain préparant ses filets pour prendre Mars (1).

D'après *J. Romain* (?)

Première pièce de la tenture de cinq pièces dite : *de Vulcain.*

A gauche, on aperçoit la forge de Vulcain, tandis que dés personnages sont occupés, à droite, à tendre sur un lit le filet qui doit constater le flagrant délit.

---

(1) Deux autres pièces de la même suite, qui n'ont pu trouver place dans l'Exposition, ont été placées, comme portières, à la porte opposée au Grand salon. On y retrouve le monogramme F. C.

Même bordure qu'à la pièce suivante. La partie de la bande où se trouvait la signature a été enlevée.

H. 4 m. 30 c. — L. 5 m. 80 c.

229 Vulcain se plaignant à Neptune de l'infidélité de Vénus (1).

Deuxième pièce de la tenture de Vulcain.
D'après *J. Romain* (?).
Au milieu Neptune; devant lui Vulcain assis, à qui l'Amour fait un pied de nez; à gauche trois femmes éplorées et dans le fond, Mars et Vénus couchés dans un lit sur lequel on étend le filet forgé par Vulcain.
Bordure de rinceaux sur fond brun, avec médaillons à têtes imitant le bronze dans les angles, et cartouches à sujets sur les côtés. En haut et en bas des cartouches pour inscription, mais vides.
Marque dans la bande droite en bas : *FC* enlacés (2).

H. 4 m. 30 c. — L. 5 m. 80 c.

FABRIQUES FLAMANDES

230 Louis XI levant le siége de Dôle et de Salins.

A gauche, le camp français en déroute; à droite, les bourgeois en procession portant la châsse de saint Anathoille.
Au bas de la tapisserie on lit cette légende :
« *Comment le dernier jour de septembre l'an mil CCC L XIV la ville de Dole estant assiégée des françois, le clergié, gens de loy, borgeois et commune de Salins doubtans la perdition de*

(1) Dans une salle voisine est exposée une tapisserie exécutée d'après le même carton et tout à fait identique à celle-ci, sauf la bordure, qui porte la marque de Bruxelles.

(2) C'est la marque de Francisque Crane, comme on l'a dit plus haut.

*ladite ville et conséquamment dudit Salins se mirent en très dévote
procession et a teste et pieds nuz portèrent la fierte où le corps e
relicques du glorieux saint Anathoille reposent, luy présentan
et laissant les clefz de ladite ville de Salins en luy requérant dé-
votement vouloir estre garde dudit Salins, auquel jour et heure
lesdis françois levèrent leur siége, et furent icelles deux villes pré-
servées par le mérite du glorieux saint Anathoille. — XIII⁰. »*

H. 4 m. 50 c. — L. 6 m. 70 c.

Donnée au musée des Gobelins par M. Spitzer.

Cette pièce est la treizième, comme l'indique le chiffre placé à
la fin de la légende, d'une suite de quatorze pièces qui représen-
taient les miracles de saint Anathoille et qui avaient été exécutées à Bruges, en 1501, pour la décoration de l'église de Salins
consacrée à ce saint.

La quatorzième pièce de cette suite portait cette inscription
qui donne la date et le nom du fabricant :

« *Ces XIV pièces de tapis furent à Bruges faits et construits à
l'hostel de Jehan Sauvage, en incarnation à nostre usage l'an
1501. Et furent pour saint Anatoile, evesque de Constantinoble, fils
du roi d'Escosse.* »

(Cette inscription a été copiée jadis par M. Coste, grand-père
de M. le docteur Coste, bibliothécaire de Salins, et nous est
transmise par M. A. Castan, bibliothécaire de la ville de
Besançon.)

231 Le Triomphe des dieux. — Pallas Minerve.

D'après les dessins de *Mantegna*.

Au centre, Minerve sous un édicule Renaissance. A gauche :
Persée coupant la tête de Méduse. A droite : Persée délivrant
Andromède.

Dans le rang inférieur sont représentées d'autres scènes relatives à la tête de Méduse et deux enfants montrant des chauves-
souris. Dans la rangée supérieure figures fantastiques, sphinx.

Bordure de fleurs avec des figures représentant *Fides, Spes,
Justitia, Charitas, Prudentia, Temperantia, Fortitudo*. Ces ornements se détachent sur un fond d'or. Ecussons d'attente dans
les angles supérieurs. Marque dans la bande inférieure, à gauche : un écusson rouge accosté de deux B (Bruxelles), sur le

côté droit. Sur la bande de droite un monogramme formé des lettres O. F. V. (?).

Laine, soie, or.

H. 4 m. 95 c. — L. 5 m. 60 c.

232 Le Triomphe des dieux. — Bacchus.

D'après les dessins de *Mantegna*.

La composition principale est tout à fait identique à celle qui est décrite ci-dessus sous le nº 41.

La bordure est semblable à celle de la pièce précédente (nº 221) avec les mêmes figures, mêmes écussons et même fond

Laine, soie et or.

Marque dans la bande inférieure, à gauche : deux B de chaqu côté d'un écusson jaune; sur la bande de droite : O F en monogramme.

H. 4 m. 95 c. — L. 7 m. 65 c.

233 Le Triomphe des dieux. — Neptune et Amphitrite.

D'après les dessins de *Mantegna*.

Composition centrale identique à celle qui est décrite sous le nº 40 avec un caractère plus ancien.

Bordure semblable à celles des triomphes de Minerve et de Bacchus (nºˢ 231 et 232).

Marque dans la bande inférieure à gauche, deux B de chaque côté d'un écusson rouge, dans la bande de droite mêmes marques qu'aux précédentes : O F enlacés.

H. 4 m. 90 c. — L. 7 m. 40 c.

234 Chasse (fragment).

D'après des compositions de l'école d'*A. Durer*.

Quatrième pièce de la série dite *les belles chasses de l'empereur Maximilien*.

Des dames et des gentilshommes montés sur des chevaux et un âne, en costume allemand du XVIᵉ siècle, assistent, de la lisière d'une forêt, à la scène qui se passe dans la composition suivante.

Bordures latérales et supérieure formées de fleurs et de fruits, partant de vases ; bordure inférieure imitant le bronze, représentant des dieux et monstres marins. En haut, au milieu, le signe de la Balance.

Laine et soie.

H. 4 m. 10 c. — L. 2 m. 75 c.

235 Chasse (fragment).

D'après des compositions de l'école d'*A. Durer*.

Cinquième pièce de la série dite *les belles chasses de l'empereur Maximilien*.

Signe de la *Balance* (suite du sujet précédent). Un cerf se débat au milieu d'un étang contre les chiens et les chasseurs qui le poursuivent. Sur le bord de l'eau des valets tenant des chiens en laisse.

Même bordure que la précédente. Au bas de cette pièce on lit, sur un morceau de bande rouge identique à celle qui borde la tapisserie, la signature de *E. Le Blond*. Il paraît probable que ce morceau d'étoffe appartenait à une pièce des Gobelins où à travaillé Le Blond et aura été cousue par mégarde à la tapisserie qui nous occupe.

H. 4 m. — L. 2 m. 70 c.

236 Le mois de Septembre : *September, sub tutela Vulcani, cum signo Libræ.*

D'après *Lucas de Ley* ie.

Quatrième pièce d'une tenture de douze pièces représentant les *Mois grotesques*.

Au milieu, le dieu Vulcain dans un riche encadrement sur fond rouge formé de grotesques et d'ornements d'oiseaux, et coupé de médaillons représentant : le Labour, les Semailles et des sujets mythologiques.

Bordure formée de fruits et de personnages aux angles et sur les côtés et un médaillon en bas représentant David tuant Goliath.

Tissu : laine et soie.

H. 3. m. 70 c. — L. 5 m. 30 c.

237 Le Mois d'Octobre, sous la figure de Mars, avec cette légende : *October sub tutela Martis cum signo Scorpii.*

D'après *Lucas de Leyde.*
Cinquième pièce d'une tenture de douze pièces représentant *les mois de l'année.*

Au centre, le dieu Mars dans une arcade encadrée d'ornements et de grotesques sur fond rouge avec médaillons représentant les vendanges et le pressoir.

L'encadrement est très-différent dans ses différentes parties de celui du Mois d'Octobre ; la bordure est identique pour les figures, mais non pour les fruits ni pour le médaillon inférieur qui représente ici un guerrier et un scorpion.

Laine et soie.

H. 3 m. 70 c. — L. 3 m. 5 c.

238 Mai, sous la figure d'Apollon, avec la légende : *Maius, sub tutela Apollinis, cum signo Geminorum.*

D'après *Lucas de Leyde.*
Pièce de la tenture des *Mois.*
Fond ponceau. Bordure de figures, fleurs, rinceaux, sur fond jaune.

H. 3 m. 70 c. — L. 5 m. 20 c.

239 Le repas Syphax avec Scipion et Asdrubal.

D'après *Jules Romain.*
Sixième pièce de la petite tenture en dix pièces, dite de *Scipion* (1).

Dans une riche salle ornée de tentures et d'un dressoir chargé d'une somptueuse orfèvrerie, les trois princes sont attablés et mangent à la lueur des flambeaux et des torches, servis par de nombreux esclaves.

Bordure de fruits, oiseaux, enfants et animaux. Ecusson dans

(1) Brantôme a parlé avec grand éloge des tapisseries de Scipion, et du Bellay raconte que François Iᵉʳ, au camp du Drap d'Or, montra « quatre pièces de tapisseries principales qui sont les *Victoires de Scipion l'Africain.* » Mais il ajoute qu'elles étaient « toutes de fil d'or et de soie. » Ce ne sont donc pas celles que l'on voit ici.

les bordures latérales en haut : De sable à la croix d'or avec un lambel de gueules.

Tissu : laine et soie.

H. 4 m. 35 c. — L. 4 m. 95 c.

240 Les Prisonniers au camp.

Troisième pièce d'une série de trois pièces, dite *tenture de Constantin*.

En haut, dans un cartouche supporté par des enfants ailés : « *Fructus belli.* »

Bordure en camaïeu sur fond brun. Attributs de guerre. Marque dans la bordure inférieure, à droite : *I. SOVET*.

H. 4 m. 80 c. — L. 3 m. 50 c.

ÉTOFFES DIVERSES

241 Morceau d'étoffe brodée, soie, chenille et or sur velours violet.

Dessin très-ancien ; destination inconnue.

H. 0 m. 70 c. — L. 0 m. 60 c.

242 Trois coupons d'étoffe lampas brodée soie chenille.

Provenant d'une tenture du palais de Versailles, du temps de Louis XVI :

Une perdrix,
Un temple,
Un instrument de musique.
Ces trois morceaux formaient les motifs de la tenture.

243 Lambrequin.

Provenant d'une tenture en étoffe Louis XVI. Lampas, fond satin blanc, brodé en chenille avec franges, etc.

Provient du palais de Trianon.

244 Morceau de damas de soie à fond bleu avec un dessin blanc.

Fleurs et personnages avec bordure brochée.
Provient du palais de Fontainebleau.

245 Coupon d'étoffe, brocart et or (neuf).

Cette étoffe a été employée au palais des Tuileries sous la Restauration et sous Louis-Philippe.

H. 0 m. 90 c. — L. 0 m. 70 c.

246 Panneau en brocart or et soie.
Pour la salle du Trône aux Tuileries.

H. 2 m. 10 c. — L. 1 m. 20.

247 Fond de lit en velours de soie blanc, broderie or, écusson aux armes de France.

Chambre du roi Louis XVIII au palais des Tuileries.

248 Ciel de lit en velours de soie bleu épinglé; broderie en or.

Chambre du roi Louis XVIII au palais des Tuileries.

249 Coupon d'étoffe.

Satin blanc, broché à fleurs, panier de fleurs, chapeaux, etc. Tenture des appartements de la Reine Marie-Antoinette, à Versailles.

H. 1 m. 40 c. — L. 1 m. 70 c.

250 Feuille d'écran.

Tapisserie au petit point provenant d'un meuble Louis XIII. (Echantillon.)

251 Feuille d'écran.

En soie vert d'eau.
Broderie soie et argent.

252 Tapis de table.
Double chaîne, dessin persan sur fond vert.
H. 3 m. 15 c. — L. 1 m. 60 c.

FIN DE LA PREMIÈRE PARTIE

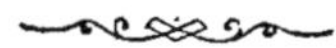

Paris. — Imp. F. Debons et Cᵉ, 16, rue du Croissant.

Marques de la première partie du Catalogue
des Tapisseries

I. Marques du n° 202 (1).

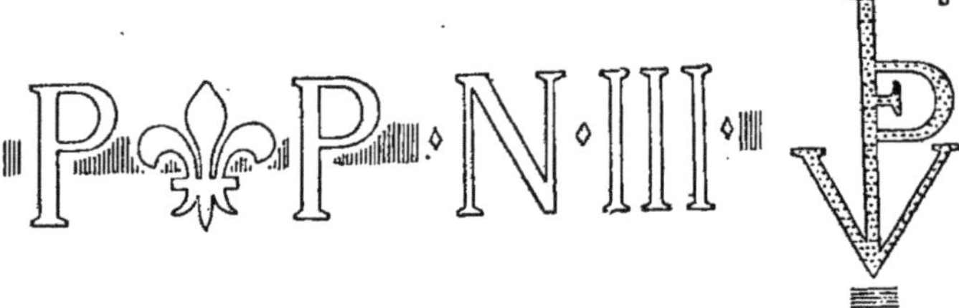

II. Marques du n° 198. Le monogramme se trouve dans la bordure latérale de droite.

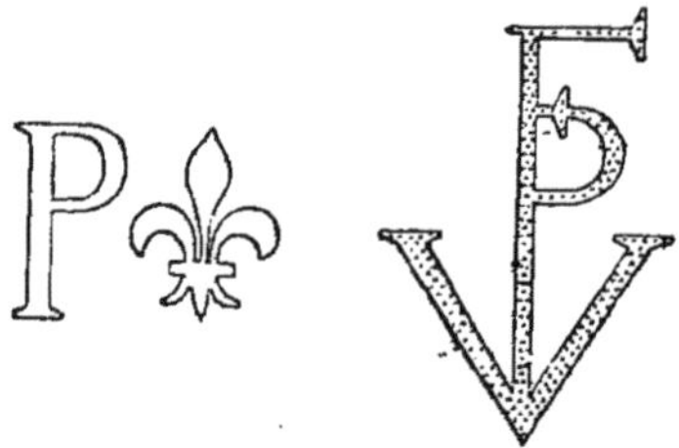

(1) La lettre P, précédant ou suivant la fleur de lis se retrouve sur plusieurs pièces de cette série (nos 198 et 199). De même le monogramme qui accompagne cette marque de fabrique se retrouve aussi sur les nos 198, 199, 207 et 208; mais il n'est pas aussi net et aussi complet que le dessinateur l'a figuré.

III. Marques du n° 207 (*Nota :* la bordure de cette pièce a été dessinée et gravée sur bois pour la *Gazette des Beaux-Arts*, 2e période, t. XIV, p. 185).

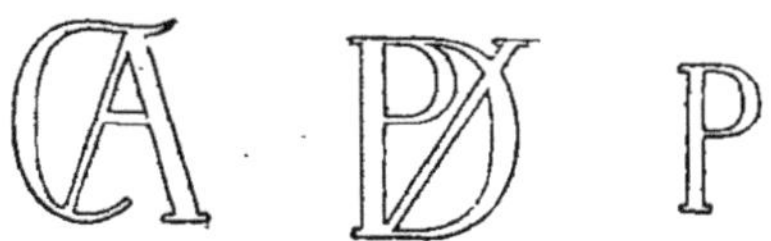

IV. Marques du n° 208.

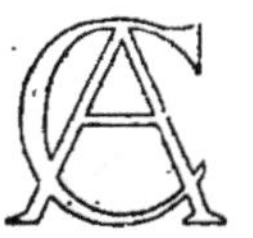

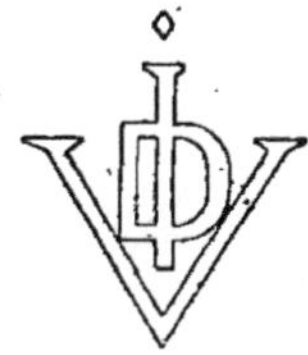

V. Marques du n° 206.

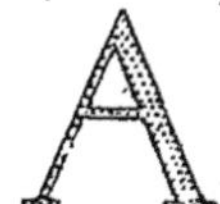

VI. Marques des n°s 212, 213, 214, 215, 216, 217. Ces trois marques ne se retrouvent pas sur chacune de ces six pièces, mais plusieurs les ont toutes les trois, d'autres n'en ont qu'une ou deux seulement (voir le catalogue). Les monogrammes se rencontrent généralement sur la bande de droite.

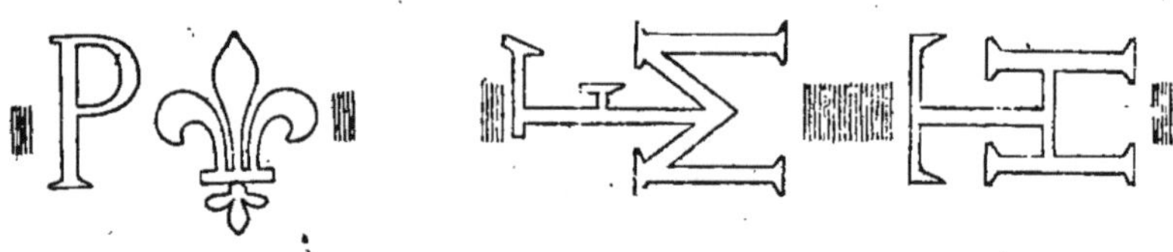

VII. Inscription placée dans un cartouche qui se trouve au milieu de la bordure inférieure des pièces portant les n°s 224, 226 et 227.

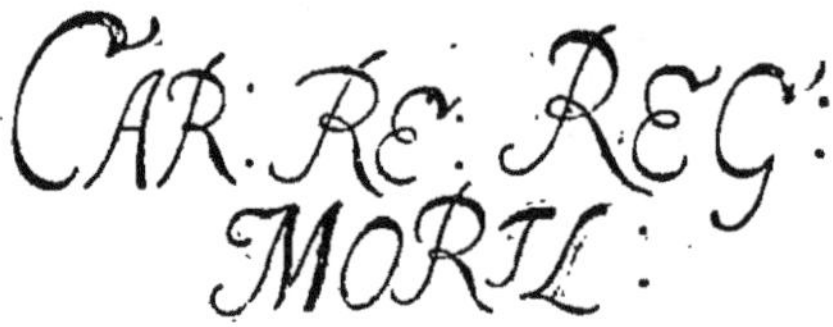

Cette inscription se lit : *Carolo rege regnante* : *Mortlake*.

VIII. Marques des n°s 224, 225 et 227 (bande de droite).

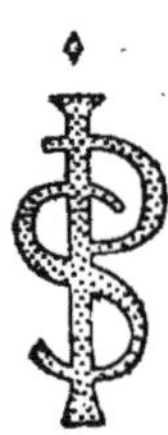

IX. Marques des n°s 226, 228 et 229 (bande droite).

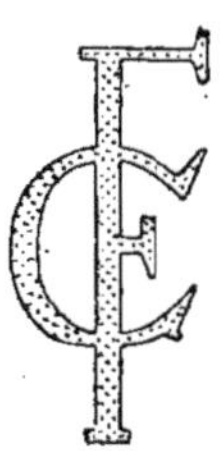

X. Marques du n° 226 (bande inférieure).

XI. Écussons de la bande inférieure des nᵒˢ 224, 225, 226 et 227.

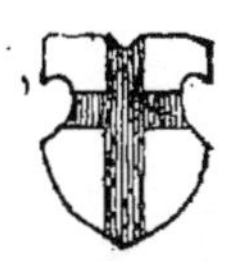 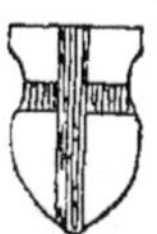

XII. Marques des nᵒˢ 231, 232 et 233. Le monogramme se lit sur la bande de droite ; la marque de Bruxelles dans la marque inférieure.

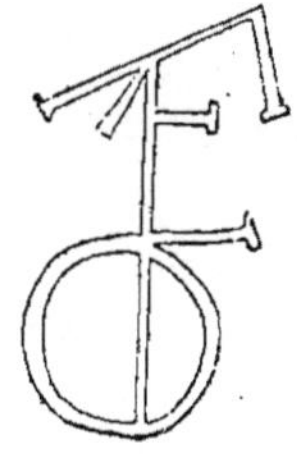 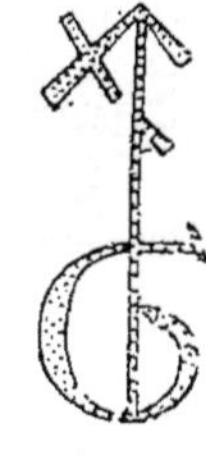 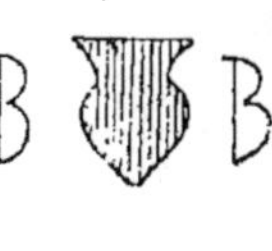

UNION CENTRALE

DES

BEAUX-ARTS APPLIQUÉS

A L'INDUSTRIE

CINQUIÈME EXPOSITION 1876

CATALOGUE

MONUMENTS HISTORIQUES
VUES DE L'ANCIEN PARIS
HISTOIRE DE LA TAPISSERIE

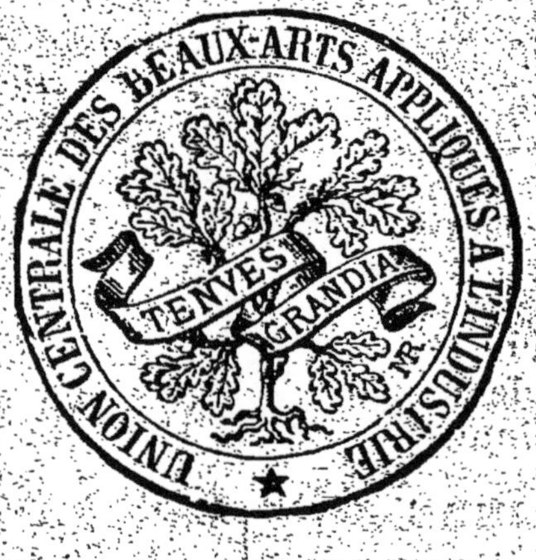

PARIS

IMPRIMERIE F. DEBONS ET Cie

16, RUE DU CROISSANT, 16

1876

Paris

GRAND HOTE

12, BOULEVARD DES CAPUCINES, 12

A. VAN HYMBEECK, DIRECTE

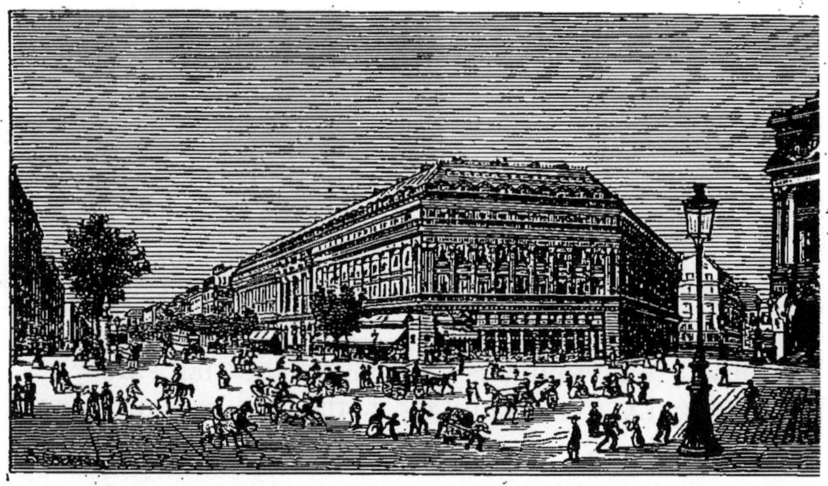

700 CHAMBRES & SALONS DEPUIS **5** FRANCS PAR JOUR

Trois nouveaux Ascenseurs desservent tous les Étage
monter et pour descendre, depuis 6 heures du matin,
1 heure après minuit.

DÉJEUNERS	DINERS
4 francs (Vin, café et liqueurs compris)	A **6 francs** (Vin compr
Servis à des Tables particulières.	Servis à la Table d'hôte du Gr

HOTEL SCRIBE

Les voyageurs y trouveront tous les avantages d'une maison de

ASCENSEURS A TOUS LES ÉTAGES

PRIX MODÉRÉS

UNION CENTRALE

DES

BEAUX-ARTS APPLIQUÉS A L'INDUSTRIE

CINQUIÈME EXPOSITION 1876

CATALOGUE

MONUMENTS HISTORIQUES. — VUES DE L'ANCIEN PARIS

HISTOIRE DE LA TAPISSERIE DE LOUIS XIV A NOS JOURS

PARIS. — IMPRIMERIE F. DEBONS ET Cᵉ. 16. RUE DU CROISSANT.

UNION CENTRALE

DES

BEAUX-ARTS APPLIQUÉS

A L'INDUSTRIE

CINQUIÈME EXPOSITION 1876

CATALOGUE

MONUMENTS HISTORIQUES

VUES DE L'ANCIEN PARIS

HISTOIRE DE LA TAPISSERIE DE LOUIS XIV A NOS JOURS

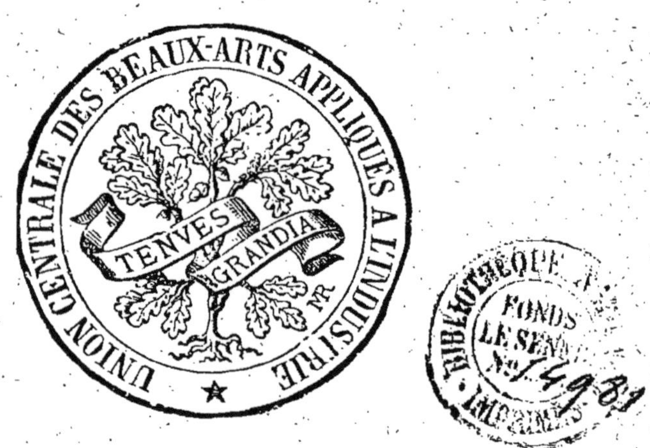

PARIS

IMPRIMERIE F. DEBONS ET Cⁱᵉ

16, RUE DU CROISSANT, 16

1876

UNION CENTRALE DES BEAUX-ARTS

APPLIQUÉS A L'INDUSTRIE

5me EXPOSITION

MUSÉE RÉTROSPECTIF

CATALOGUE

DES TAPISSERIES

DEUXIÈME PARTIE

TAPISSERIES ANCIENNES

PRÊTÉES

PAR LE MUSÉE DE SOUTH KENSINGTON

LES ÉGLISES ET MUSÉES DE PROVINCE

ET LES PARTICULIERS

~~~~~~~~~

FLANDRES

253 La Présentation au Temple.

Arras? XIVe siècle.
A droite, un vieillard à barbe blanche, pieds nus, étend les bras vers la Vierge qui s'avance en soutenant l'Enfant divin. Celui-ci, debout sur une table, bénit d'une main; dans son autre main, on aperçoit une pomme. A gauche, un second vieillard et une jeune femme tenant tous deux des cierges allumés; la jeune femme porte en outre une corbeille dans laquelle se trouvent quatre tourterelles. Fond violacé, orné de pampres chargés de raisins.

Laine et soie.

H. 1 m. 53. — L. 2 m. 64.

A. M. de Léon y Escosura.

254 Scènes de l'Apocalypse.

Arras? Fin du XIVe ou commencement du XVe siècle.
a. Personnage assis lisant dans un livre placé devant lui. Au sommet de la composition, on voit deux anges, dont il ne subsiste plus que des fragments. Fond semé des Y d'Yolande d'Aragon, mère du roi René.

Cette tenture forme le n° 42 de l'Apocalypse. Voir Barbier de Montault, *les Tapisseries du sacre d'Angers*. Angers 1858 p. 38.

b. Le Christ, entouré d'une auréole à fond bleu semé d'étoiles, est assis sur l'arc-en-ciel; il tient de la main droite un livre ouvert et reçoit l'hommage des vingt-quatre vieillards de l'Apocalypse qui lui offrent leurs couronnes et célèbrent ses louanges. A gauche, saint Jean, debout sous un édicule, contemple cette scène. Fond rouge cerise. Au milieu des étoiles et des nuages figurés dans la bande qui règne au-dessus de cette
~~~~~~~~~

pièce et de la suivante, on aperçoit trois anges avec des instruments de musique. — Tableau nº 6.

c. Au centre, l'Agneau blessé, avec une croix en forme d'étendard. Il est entouré des symboles des quatre Evangélistes, nimbés comme lui. A ses côtés, les vingt-quatre vieillards, partagés en quatre groupes égaux, chantent ses louanges. A gauche, saint Jean, dans la même attitude que précédemment. Le fond de cette pièce est bleu; il est parsemé d'Y gothiques. — Tableau nº 7.

Ces fragments font partie d'une tenture composée de sept pièces, commençant toutes par un grand personnage méditant, et de scènes de l'Apocalypse au nombre de 87 disposées sur deux rangs sur des fonds alternativement bleus et rouges, séparés par des inscriptions et bordés dans le haut par une bande de ciel avec des anges, dans le bas par une bande de terre avec des fleurs. — Voir les *Tentures et les tapisseries de la cathédrale d'Angers*, par L. de Farcy. Angers, 1875.

Laine.

Cathédrale d'Angers.

255 Verdure.

Arras? Commencement du xvᵉ siècle.

Au centre, un jeune chevalier tend la main à une jeune fille pour l'aider à franchir le ruisseau qui partage la composition en deux; à droite et à gauche plusieurs autres jeunes filles tenant presque toutes des faucons; l'une d'elles pose une couronne sur la tête d'une de ses compagnes. Costumes de la cour des ducs de Bourgogne.

Laine et or.

H. 2 m. 30 c. — L. 4 m. 90.

A M. E. Peyre.

256 Histoire du roi Clovis.

Arras? xvᵉ siècle.

Couronnement du roi Clovis. — Prise de la cité de Soissons.
Gravée dans l'ouvrage de M. L. Paris, pl. xxix, décrite dans le même ouvrage, t, II, p. 1059 et suivantes, et dans les *Tapisse-

ries de N.-D. de Reims, de M. Loriquet. Reims, 1876, p. 13 et 11.

Cette pièce a été donnée, en 1573, à la cathédrale de Reims.

H. 4 m. 50 c. — L. 8 m. 40 c.

A la cathédrale de Reims.

257 Fragment d'une grande pièce allégorique.

Arras? xvᵉ siècle.

On aperçoit la poupe d'une grande nef qui vogue sur la mer, montée par de nombreux personnages. Elle se dirige vers une tour gardée par un guerrier armé d'une lance et d'une cuirasse, et sous lequel on lit le mot : *Espérance*. Sur une tour plus élevée apparaît à mi-corps un autre guerrier.

Le navire porte un pennon écartelé au 1ᵉʳ et au 4ᵉ d'or au 2ᵉ et 3ᵉ de sinople.

H. 2 m. 48 c. — L. 1 m. 42 c.

A M. de Farcy, d'Angers.

258 Devant d'autel avec trois saintes.

Flandres ? 1495.

A gauche, sainte Marie-Madeleine tenant le vase aux parfums ; au centre, sainte Elisabeth de Hongrie avec une couronne dans chaque main ; à droite, sainte Barbe tenant un livre ouvert, et nimbée, comme ses compagnes. A côté de cette dernière se trouve une tour, au sommet de laquelle on voit la date : 1495.

Fond verdâtre parsemé de fleurs.

H. 0 m. 95 c. — L. 2 m.

A M. E. Peyre.

259 La Fontaine mystique.

Fin du xvᵉ siècle.

Au centre la fontaine, dont l'eau s'échappe par deux ouvertures, et retombe dans un bassin ; elle est environnée d'animaux de toute sorte, cerfs, chiens, papegeais, aigles, etc., etc., au fond un paysage avec des maisons.

Laine. H. 2.35. L. 2.45.

A M. E. Peyre.

260 Verdure.

Audenarde.

Au milieu du panneau se dresse un énorme chardon à larges feuilles ; deux balustrades, sur lesquelles sont perchés des oiseaux, s'arrondissent à droite et à gauche. En avant de ces balustrades, à droite, un cerf, et, à gauche, un renard dévorant une poule.

Bordure de fruits et de feuillages.

En haut, un écusson ovale d'azur à un chevron d'or accosté de deux étoiles d'or et un fleuron en abîme.

H. 2 m. 55 c. — L. 2 m. 50 c.

La marque d'Audenarde a été rencontrée sur une pièce semblable.

Au Musée des Gobelins.

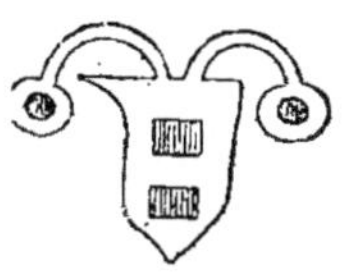

261 L'Adoration des Mages.

Fin du XVe, commencement du XVIe siècle.

Au centre de la composition, sous un baldaquin, se trouve la Vierge, vue à mi-corps. Elle tient sur ses genoux l'enfant Jésus, qui est nu et qui étend la main vers un des rois mages. Celui-ci adore l'enfant, les mains jointes ; il a posé près de lui sa couronne, ainsi qu'un vase rempli d'objets précieux. Au second plan, à droite et à gauche, les deux autres rois, également vus à mi-corps, avec plusieurs personnes de leur suite. Au fond, un paysage. — Toutes les figures sont privées de nimbe.

Des fruits et des fleurs composent la bordure de cette pièce, qui est tissée de laine, de soie, d'or, et, à ce qu'il semble, d'argent.

L. 1 m. — H. 1 m. 07 c., cadre compris.

A M. Fulgence.

(1) C'est sans doute le portrait du donateur ; il est représenté imberbe et ses traits sont fortement individualisés.

262 La Fuite en Egypte.

Commencement du xviᵉ siècle.

Saint Joseph et la Vierge avec l'Enfant s'arrêtent sous un arbre, dans les branches duquel sont assis cinq anges faisant de la musique. Au pied de l'arbre coule une source dans laquelle se jouent des canards. Plus loin on aperçoit l'âne. Au fond, un paysage fort étendu, avec les cavaliers envoyés à la poursuite de l'Enfant divin.

La bordure est formée de roses, de pensées, de raisins et d'oiseaux.

Laine, soie, argent et or.

H. 2 m. 25 c. — L. 1 m. 70 b.

A M. de Saint-Laumer.

263 Le Baptême du Christ.

Commencement du xviᵉ siècle.

Au centre, saint Jean-Baptiste, le Christ et l'ange tenant les vêtements du Seigneur. Plus loin, cinq spectateurs. Dans les airs, au milieu d'une gloire, apparaît Dieu le Père bénissant et prononçant ces paroles tracées au-dessous de lui en lettres d'or: *Hic est filius meus dilectus in quo mihi bene complacuit.* Au fond, un paysage avec des figures diverses.

Bordure composée de roses et d'oiseaux.

Laine, soie, argent et or.

H. 2 m. 20 c. — L. 1 m. 90 c., cadre compris.

A M. Maillet du Boullay.

264 L'Education de l'Enfant Jésus.

Flandre? Commencement du xviᵉ siècle.

Au centre, sous un baldaquin, est assise la Vierge ayant sur ses genoux l'Enfant Jésus, dont les mains sont posées sur un livre ouvert. Aux côtés du baldaquin voltigent deux anges. Au premier plan, à gauche, un vieillard tenant d'une main un raisin, de l'autre un chapeau à haute forme, dans le genre de ceux qu'on voit dans les ouvrages d'Albert Durer. A droite, trois anges chantant. Devant le trône de la Vierge, au milieu des fleurs qui couvrent le sol, est étendu un levrier blanc. Au fond, un paysage.

Bordure de roses.
Les types et les costumes sont allemands plutôt que flamands
Laine, soie et or.

> H. 2 m. 95 c. — L. 2 m.

A M. Léon Girard.

265 La chaste Suzanne.

Flandres? Commencement du xvɪᵉ siècle.

A droite, deux vieillards; au centre de la composition, Suzanne baignant ses pieds dans le bassin d'une fontaine, qui est supportée par trois lions, et au sommet de laquelle se trouve une girouette fleurdelisée. Sur le bassin est écrit le mot : *Susenne*. A gauche, dans le fond, une porte par laquelle on voit sortir une des suivantes de Suzanne.

La bordure, à fond bleu, se compose de rinceaux, au milieu desquels voltigent des oiseaux de grande taille. Aux quatre angles, des écussons allemands ou flamands, dont deux sont rapportés.

> H. 4 m. 10 c. — L. 3 m. 70 c.

Au musée de South Kensington.

266 Histoire du roi Oriens. — Mariage du roi avec Beatrix (1).

Commencement du xvɪᵉ siècle.
Rex Oriens ob amorem Beatricem ducit in uxorem (?).

Au centre, un évêque debout sur les marches de l'autel unit le roi et la jeune princesse; tout alentour, se tiennent, à gauche les dames de la cour, à droite les seigneurs. Au fond, des tribunes avec des musiciens. Derrière l'autel, saint Michel terrassant le démon.

Bordure de fleurs et de fruits.
Tissu de laine, soie et or.

> H. 4 m. 29 c. — L. 5 m.

A sir Richard Wallace.

____

(1) Une tenture du roi Oriens en quatre pièces, mesurant chacune 52 aunes romaines, figure dans l'inventaire de Léon X, sous ce titre Panno.. della storia del Re d'Oriens.

267 Même suite. — Le Triomphe de Béatrix.

Au premier plan, des seigneurs et des dames, les uns à cheval,
les autres à pied, rendent hommage à la princesse assise sous un
baldaquin richement décoré. A l'extrême droite, le roi se rend au-
devant de la princesse. Au fond, des tribunes remplies de spectateurs.

Même bordure que la pièce précédente.

H. 4 m. 20 c. — L. 5 m. 40 c.

A sir Richard Wallace.

268 Scènes se rattachant au Roman de la Rose.

Commencement du XVIᵉ siècle.

Dans la partie supérieure de la composition « Amours » assis
sur son trône, les yeux bandés, remet une lettre à « Bouche
d'Or ». A ses côtés se tiennent plusieurs personnages de sa
cour. Plus bas, à l'intérieur d'une enceinte fortifiée, on voit
Paix, Concorde, Doulx parler, Prudence, Doulx regart, Bel ac-
cueil, prêts à tenir tête aux ennemis qui les menacent. Ceux-ci
sont : Traiison, Malebouche, Faulx-Samblant,— qui reçoit des mains
de Bouche d'Or la lettre que lui adresse Amour, — Despit,
Foliie, Dangier armé d'une massue, Hayne couverte forgeant
des fers de lance, Vilayn Coraige portant un étendard. Dans les
angles supérieurs sont représentées deux petites scènes indépendantes du sujet principal : à gauche on voit un homme qui
en égorge un autre à l'entrée d'une tente ; à droite « Amors »,
apparaît dans les airs à Bel acueil.

Bordure de fleurs et de raisins.

Tissu de laine, soie et or.

H. 4 m. — L. 4 m. 20 c.

A sir Richard Wallace.

269 Même suite. — Le siége du château d'Amour.

Dans le haut « Obedience » et « Dignité » couronnent le « Secret des Dames », assis sur un trône. A gauche « Amour » embus-
qué sur un arbre lance une flèche à une jeune fille qui est ac-
coudée sur un balcon ; à droite on voit une scène analogue.
Plus bas, Courtoisie, Plaisance, Leaulté, Largesse, Espoer, ar-

més de roses ou de pensées, repoussent les ennemis qui veulent
s'emparer de leur château, tandis que Persévérance et Diligence
sonnent de la trompette pour appeler les barons de l'Amour. On
remarque parmi les assaillants : « Faulx semblant, Traison, Despit, Malebouche, avec un bouclier sur lequel est représentée une
tête de Méduse, Vilonie, Dangier, Faulte des Sens, Vilayn Coraige, Borderie (?), les uns s'élancent à l'assaut des remparts,
les autres déjà blessés ou mourants sont étendus à terre. La
charge est sonnée par Deuil et Despit.

M. Francisque Michel, dans son édition du *Roman de la Rose*
(préface, p. LVI) décrit un coffret en ivoire sur lequel est sculpté
un sujet analogue.

Bordure semblable à celle du n° précédent.

H. 4 m. — L. 4 m.
A sir Richard Wallace.

270 Le Combat des Vices et des Vertus.

Commencement du XVIᵉ siècle.

Dans le haut sur une banderolle se lisent ces quatre vers :

> *Par vanyté et aultres ses souldars*
> *Est pourmené le monde follement*
> *Mais rencontres est de picques et dars*
> *De humilité qui le assault vaillamment.*

Le Monde, porté sur les genoux d'une jeune fille, est traîné sur
un char de triomphe. *Amour divin* arrête les chevaux. *Humilité*
attaque *Jactance*. *Fol Amour* et *Josnesse* sont percés de flèches
lancées par *Dévotion*. Au fond *Dévotion, Ipocrisie* et *Chasteté*.

H. 4 m. — L. 3 m.
A M. de Farcy, d'Angers.

271 Le Combat des Vices et des Vertus. — Même
suite.

Le sujet est ainsi commenté dans le haut de la tapisserie :

> *Le monde pend à un fil seulement*
> *Par les péchiés qu'on void présent régner ;*

Mais l'église pacifie humblement
Le ire divyn voellant le arbre copper.

Au centre le globe du monde pend par un fil à un grand arbre. L'*ire divin*, sous forme d'un ange, donne des coups de hache dans le tronc de l'arbre. L'*Eglise* est à genoux avec *Oraison* et *Abstinençe*. Autour les passions mondaines se donnent libre essor : c'est *Convoitise* refusant le *Mendiant ; Friandise* et *Appétit désordonné* à table ; *Fol Amour* avec *Jonesse* et *Vani'é* se peignant.

H. 4 m. — L. 3 m. 40 c.
A M. de Farcy, d'Angers.

272 Le Combat des Vices et des Vertus. — Même suite.

En haut le commentaire en quatre vers :

On voit régner blasphème en tous estas
Cœur delléal et fol outrecuidance,
Pippeurs, trompeurs et d'aultres gens ung tas,
Dont le monde est de finer (?) en ballance.

On voit, comme dans les pièces précédentes, les Vertus et les Vices avec une inscription qui fait reconnaître chacun d'eux :

La *Justice* perce la langue à *Blasphème* avec un fer rouge. *Folle outrecuidance,* en habit de folie avec des grelots, essaie de briser le globe du monde placé dans une balance. La *Charité,* figurée par un ange, met avec *Miséricorde* les bonnes œuvres dans l'autre plateau. La *Tentation* porte sur la tête un filet à prendre des oiseaux.

Cœur delléal est un jeune homme qui proteste de son amour à une femme. *Le Det* est un homme qui perd contre *le Cance* (ou la Chance) représentée par une femme.

H. 4 m. — L. 3 m. 40 c.
A M. de Farcy, d'Angers.

273 La Création. — Le Péché originel. — Adam et Eve chassés du Paradis.

Commencement du xvie siècle.
Trois personnages, représentant la Sainte Trinité, procèdent

aux divers actes de la Création. Ils sont vêtus de tuniques blanchâtres et de manteaux rouges ornés de gemmes et portent la couronne et le sceptre. Le tableau central nous les montre assis sur un trône derrière lequel se tient un chœur d'anges, ainsi que des figures allégoriques dont l'une, la « Justicia », est désignée par son nom écrit à côté d'elle. A droite dans le fond, Adam et Eve debout près de l'arbre au pied duquel on voit le démon sous la forme d'un monstre à figure humaine ; plus loin, Adam et Eve chassés du Paradis.

Bordure composée de fleurs et de raisins se détachant sur un ond noir.

Cette tenture semble faire partie du même cycle symbolique et religieux que les quatre suivantes.

Elle provient, ainsi que ces dernières, du chœur de la cathédrale de Tolède.

aine et soie.

A M. Richard.

274 Scènes de la Passion.

Commencement du xvie siècle.

A gauche Pilate se lavant les mains ; plus loin le Christ portant la croix et accompagné de l'*Invidia*, de la *Caritas* et de l'*Humilitas*. Au fond d'autres épisodes de la Passion. On remarque en outre différents personnages tenant de longues banderolles ornées d'inscriptions parmi lesquelles on citera les suivantes : *O nors ero mors tua. — Descendit ad inferna captivam sua. ait* (si?) *amor* (?). — *Ipse etiam edificat ascensionem suam. — Ascendit ad celos sedet ad dexteram Dei patris omnipotentis Jacobus minor.* — Cette pièce paraît se rattacher au même cycle que le n^o précédent et les trois n^{os} suivants ; cependant sa bordure, composée de raisins et de fleurs noués par des rubans rouges, est plus large que dans ceux-ci ; elle contient en outre une bande gemmée.

Laine et soie.

A M. Richard.

275 Le Combat des Vices et des Vertus.

Commencement du xvie siècle.

Au centre le Christ debout sur un piédestal ; autour de lui

sont rangées sept femmes, parmi lesquelles on remarque la *Voluptas* et la *Velocitas*; derrière lui, dans une gloire d'anges, on aperçoit Dieu le père et le Saint-Esprit. Le reste de la composition est occupé par différentes autres scènes auxquelles le Christ intervient également. Aux deux angles inférieurs on voit deux prophètes tenant chacun un phylactère avec des inscriptions ainsi conçues : *Ecce rex tuus venit tibi, Zacharie IX ;* — *visitabit nos post duos dies. Ozee.* — Bordure de raisins et de fleurs.

Laine et soie.

A M. Richard.

276 Même suite.

Au centre quatre femmes écoutant le différend que leur soumettent deux autres femmes, dont l'une, celle qui a la couronne en tête, est la *Luxuria.* D'autres figures allégoriques *Labor, Caro, Natura, Mundus, Culpa,* etc., etc., remplissent le reste de la composition. Le prophète de gauche seul tient un phylactère sur lequel on lit ces mots *Ej(i)ce illos e facie mea.* Même bordure que la pièce précédente.

A M. Richard.

277 Même suite.

Des personnages allégoriques, montés sur des chevaux, des cerfs ou des animaux monstrueux et s'attaquant les uns les autres, occupent le milieu de la tenture. A droite se trouvent les vices : *Invidia, Ira, Superbia, Luxuria,* à gauche les vertus : *Devocio Dei, Castitas, Paciencia, Dilectio* et au fond le Christ sur la croix.

Sur les phylactères des prophètes on lit les inscriptions suivantes : *Ipse veniet et salvabit vos. Ysaie I.* — *His plagatus sum Ysaie XIII.*

A M. Richard.

277 *bis* Le Christ, tenant le saint ciboire et l'hostie.

Premier quart du XVIe siècle.
Bordure de fleurs et de fruits.
(?) D'après la Cène de Léonard de Vinci.

Laine, soie et or.

H. cadre compris : 1 m. 03 c. — L. 0 m. 91 c.
A M. Fulgence.

278 Scène d'amour.

Un jeune homme, en costume de la Renaissance, reçoit une fleur d'une jeune femme assise sur un escabeau.

Les figures se détachent sur un fond d'un vert noirâtre parsemé de fleurs. Dans l'angle supérieur de gauche on voit un oiseau de grande taille.

H. 1 m. 30 c. — L. 1 m.
Fragment.
A M. de Farcy.

279 Scène religieuse.

Evêque donnant la tonsure à un jeune homme agenouillé, en présence de la famille de ce dernier, composée du père, de la mère et de deux enfants.
Fond damassé.
Provient de la tombe de Ferdinand et d'Isabelle à Grenade.
Cette tapisserie est montée sur un écran à patins et préservée par deux glaces de façon à montrer le revers.
Laine et soie.

H. 1 m. 65 c. — L. 1 m. 30 c.
A M. Layard.
Prêtée par le musée de South Kensington.

280 Histoire de Romulus. I. L'enfance de Rémus et de Romulus.

Manufacture de Bruxelles.
Chacune de ces tentures est accompagnée d'une légende expliquant soit le sujet principal, soit une des scènes accessoires qui y sont représentées. Celle de la première d'entre elles est ainsi conçue :

Faustulus in ripa Remum cum fratre jacentes
Pascendos tenero tradit amore lupe (sic).

Au premier plan Romulus et Rémus debout entre un vieillard et une jeune femme ; l'un d'eux tient un faucon, l'autre s'empare de deux chiens que le vieillard lui livre. Au fond un paysage avec des scènes diverses : le berger Faustulus rapportant à sa femme les deux enfants, etc., etc.

Des compartiments à personnages, alternant avec des bouquets de fleurs et de fruits, forment la bordure qui est d'une grande richesse. On y remarque les sujets suivants : une femme assise tenant un cœur, avec l'inscription *delectatio* ; une colombe volant vers un monstre qui se prépare à la dévorer : *leti est causa voluptas* ; une femme avec un livre fermé : *Eides* (sic, pour Fides) ; un lion regardant son ombre : *decipior umbra* ; le Tibre représenté sous la forme d'un vieillard couché à terre et tenant une urne (au fond Romulus et Rémus allaités par une louve) ; deux oiseaux luttant l'un contre l'autre : *exitus in dubio est* ; une femme avec un sablier : *presens* ; une autruche cachant sa tête sous ses ailes : *ingenio natura suo* ; une femme couronnée de lauriers : *Daphne* ; un cerf couché en face d'un lion : *parcere magnanimi est* ; le même motif représenté de la même manière.

La plupart de ces motifs se retrouvent dans les bordures des autres pièces de la même suite.

D'après les renseignements communiqués par M. A. Pinchart, cette tapisserie et les suivantes ont été achetées dans les Flandres en 1543, par Hippolyte d'Este, cardinal de Ferrare et archevêque de Milan.

Laine, soie et or, avec des broderies d'or en relief.

H. 4 m. 30 c. — L. 4 m. 60 c.

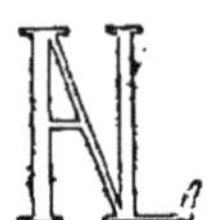

A M. Léon Gauchez.

281 II. Défaite d'Amulius. — Même suite.

Quam famuli predam vigiles moliuntur Amuli
Romulus et Remus corripuere sibi.

Au premier plan, à gauche, un combat, à droite, les deux jeunes princes prenant possession du butin enlevé à Amulius. Au fond, un château dans lequel on voit pénétrer une troupe d'hommes armés ; plusieurs étendards flottent sur ce château ; l'un d'eux est orné du croissant.

La bordure reproduit la plupart des motifs du numéro précédent ; elle en contient un en outre qui manque dans celui-ci : un aigle avec inscription, dont la seconde moitié est refaite : *Bella sequor cupdine ppede (cupidine prædæ).*

H. 4 m. 30 c. — L. 4 m

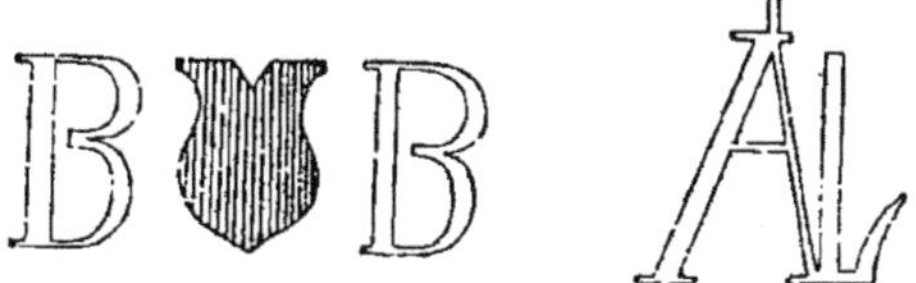

A M. Léon Gauchez.

282 III. Combat entre les Romains et les Sabins. — Même suite.

> *Dat virgo rigidis arcem Tarpeia Sabinis*
> *Horrida cum Tatio Romulus arma capit.*

Mêlée de cavaliers et de fantassins ; les assaillants portent un costume semblable à celui des Turcs. Au second plan, les Sabines essayant d'arrêter le combat, au fond des épisodes divers de la lutte.

Dans la bordure, on voit figurer plusieurs motifs nouveaux. Un chameau, avec la devise : *agilis quia sobrius,* — un oiseau tuant un serpent : *ne cuiquam noceat;* — une génisse et un serpent : *pro lacte venenum.*

H. 4 m. 30 c. — L. 6 m. 30 c.
A M. L. Gauchez.

283 IV. Retour de Romulus de son expédition contre Veies. — Même suite.

Romulus ut pacem dederat Veientibus ampli
Delectum populi corde superbus agit.

Sur le devant de la composition, on voit Romulus à cheval revenant victorieux de son expédition contre Veies ; au second plan, un personnage assis devant une table paraît recevoir le tribut ; plus loin est représentée une bataille ; au fond un paysage avec des constructions diverses.

Dans la bordure sont reproduits la plupart des motifs ci-dessus décrits.

H. 4 m. 30 c. — 7 m. 30 c.

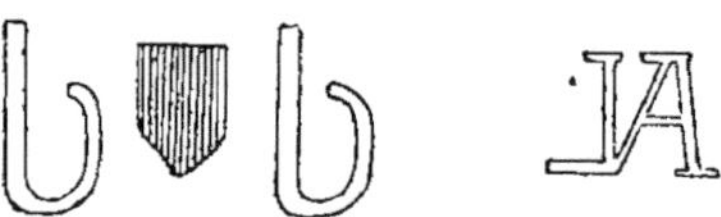

A M. L. Gauchez.

284 Histoire de Romulus.— I. Les Sabines cherchant à arrêter le combat.

La bordure est ornée de fruits et de fleurs ; on y voit en outre, dans les deux bandes verticales, un homme à moitié nu tenant un faucon.

L. 5 m. 35. — H. 1 m. 75 c.

A M. Lowengard.

285 II. Une bataille. — Même suite.

A droite, une mêlée de cavaliers ; au centre, un guerrier (Romulus ?) qui se défend contre plusieurs ennemis, dont l'un porte le costume turc.

Même bordure que le numéro précédent.

L. 4 m. 40 c. — H. 1 m. 75 c.

A M. Lowengard.

286 Histoire de Moïse.— I. Le Buisson ardent.

Manufacture de Bruxelles.
Vers la droite, Moïse ôtant ses chaussures ; plus loin, au cen-

tre, Moïse, prosterné devant l'Eternel, voit sa baguette se changer en serpent. Au fond, dans un paysage, le troupeau de Jethro.

La bordure de cette pièce, ainsi que des neuf suivantes, se compose d'arabesques jaunes se détachant sur un fond bleuâtre.

La marque B. U. B. est tissée dans la bande rouge de la plupart des numéros de cette série, qui provient tout entière de l'ancien palais épiscopal de Gênes.

L. 4 m. — H. 3 m. 44.
A M. Eugène Cuau.

287 II. Moïse et Aaron vont trouver le roi. — Même suite.

L. 4 m. 72.— H. 3 m. 54.
A M. E. Cuau.

288 III. La Sortie d'Egypte.— Même suite.

L. 5 m. 27.— H. 3 m. 44.
A M. E. Cuau.

289 IV. Le Passage de la mer Rouge. — Même suite.

L. 5 m. 30.— H. 3 m. 50.
A M. E. Cuau.

290 V. Réjouissances des Israélites après le passage de la mer Rouge.— Même suite.

L. 3 m. 80.— H. 3 m. 54.
A M. E. Cuau.

291 VI. Moïse faisant jaillir l'eau du rocher.— Même suite.

L. 4 m. 70.— H. 3 m. 57.
A M. E. Cuau.

292 VII. Moïse recevant les Tables de la Loi.—Même suite.

> L. 4 m. 54.— H. 3 m. 54.

A M. E. Cuau.

293 VIII. L'Adoration du Veau d'or. — Même suite.

> L. 4 m. 67.— H. 3 m. 54.

A M. E. Cuau.

294 IX. Le Serpent d'airain. — Même suite.

> L. 4 m. 54.— H. 4 m. 56.

A M. E. Cuau.

295 X. Une Bataille.— Même suite.

> L. 5 m. 20.— H. 3 m. 65.

A M. E. Cuau.

296 Histoire de Moïse. — La Manne dans le Désert.

A gauche, Moïse avec plusieurs personnages regardant la scène ; devant lui, un Israélite qui, un genou en terre, lui présente un vase rempli de manne ; plus loin des hommes et des femmes qui recueillent ce précieux aliment. Au fond un paysage.

Dans la bordure, on remarque des vases renfermant des bouquets de fleurs, des grotesques et des femmes tenant des instruments de musique ; ces dernières occupent les angles et le centre de chaque bande. On remarque, en outre, quelques petites scènes accompagnées d'inscriptions : un singe avec ses deux petits : *presentia cordi ;* — un aigle forçant ses aiglons à fixer le soleil : *degeneres timor arguit ;* — un dragon arrêté par une barrière : *hec meta laborum ;* — un hibou : *tacuisse melius ;* — une génisse et un serpent : *pro lacte venenum* (1).

Laine et soie.

> H. 3 m. 45 c. — L. 4. m. 60 c.

(1) Ce dernier motif se rencontre également dans les tentures de l'histoire de Romulus et Rémus appartenant à M. Gauchez.

Dans la bande, qui est rapportée, on voit la marque de Bruxelles et un monogramme fort compliqué.

On lit dans Félibien, *Entretiens sur les vies et les ouvrages des plus excellents peintres,* édition de 1705, t. I, p. 217, le passage suivant qui se rapporte à cette tapisserie :

« Il y a, dans la grande église de Chartres, dix pièces de tapisseries, faisant 40 aunes de tour, qui autrefois ont été faites en Flandres, sur les dessins que Raphaël fit pour les loges du Vatican, où l'Histoire de l'Ancien Testament est représentée. Ces tapisseries sont admirablement exécutées, les bordures en sont riches, les laines très-fines et toutes relevées de soye. Ce fut M. de Thou, évêque de Chartres, qui les donna à cette église, et l'on peut dire que, hors celles du Roy, il n'y en a point de plus belles. »

Cinq de ces tapisseries sont perdues, les cinq autres appartiennent au Musée de Chartres ; ce sont : 1º le Buisson ardent ; 2º Moïse faisant jaillir l'eau du rocher ; 3º le Passage de la mer Rouge ; 4º Moïse et Pharaon et enfin 5º la Manne dans le Désert, qui a été décrite ci-dessus.

297 Arabesques.

Au milieu de la composition, Mars, surmonté d'un médaillon rond. Des figures fantastiques et des arabesques sur fond vert forment le principal motif de décoration.

Bordure à fond jaune.

H. 3 m. 60. — L. 4 m.

A M. Gavet.

298 Histoire de Vulcain. — I. Les amours de Mars et de Vénus.

Bruxelles.

Chacune de ces tentures est accompagnée de deux strophes inscrites sur deux pancartes placées l'une dans la bordure verticale de gauche, l'autre dans la bordure verticale de droite. Celle de gauche contient l'explication du sujet, celle de droite, une sorte de moralité.

Cipria indignans posuit pudorem
Sed palam semper socianda Marti

Ira Vulcanum et rabies furoris
    Anxia torquet.

Non cadunt vulgo moderati amores
Qui modum spernit documenia (sic) vite
Transiget mesius rahonis (rationis) expers
Turpiier (turpiter) evum.

A droite, Mars et Vénus assis sur le gazon ; au centre, les Trois Grâces dansant ; à gauche, Pan jouant de la flûte. Au fond, un paysage dans lequel on voit la Renommée annonçant à Vulcain l'infidélité de son épouse.

La bordure se compose, dans la partie inférieure et supérieure, de rinceaux au milieu desquels folâtrent des enfants ailés et cuirassés ; la bande supérieure est toutefois moins riche que l'autre ; les bandes verticales sont ornées d'arabesques au milieu desquelles se trouvent les strophes ci-dessus transcrites. Aux quatre angles et au milieu de la bordure horizontale inférieure on voit en outre des médaillons avec des portraits en camaïeu. Les mêmes motifs se reproduisent avec quelques variantes dans les bordures des cinq pièces qui composent cette suite.

Le tissu est formé de laine, de soie, d'argent et d'or.

Dans la bande verticale se trouve la marque R, dont voici le fac-simile.

H. 4 m. 30 c. — L. 6 m. 60 c.

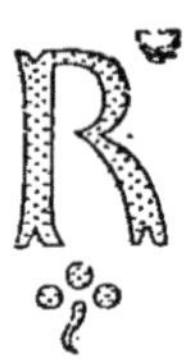

A M. Jourdain.

299 II. Vulcain forgeant le filet. — Même suite.

Lemnius tristis meditatur astum
Ereas condit tennes (tenues) cathenas
Quas thoro sternens capiantur ambo
    Collocat apte.

Est amor fallax species et ètas
A quibus stultorum animi trahuntur
Quos nec evanens satiat libido
Ter repetita.

La scène se passe à l'intérieur du palais de Vulcain, dans une salle d'une architecture fort riche, partagée en deux par des colonnes. A gauche, Vulcain forgeant le filet; au fond, les cyclopes entretenant le feu ; à droite, Vulcain, aidé de deux femmes, étend sur le lit le filet destiné à emprisonner les deux coupables.

Même bordure. — Voir le n° 228.

    H. 4 m. 25 c. — L. 6 m.

A M. Jourdain.

300 III. Vulcain prend les dieux à témoin de l'affront qui lui est fait. — Même suite.

Mars Venus capti (1) aqueis tenentur
Hos faber divi videant rogavit.
Delia et Pallas vicium pudice
Visere spernunt.

Jurgium semper generat voluptas
Igne fallaci patet et fovetur
Castitas prudens viciosa monstrat
Vincla cavere.

Vers le milieu de la composition, Vulcain, debout, s'adresse à Jupiter, à Diane et à Pallas qui trônent au milieu des nuages ; les deux déesses se détournent. Au fond, à gauche, une ville ; à droite, la mer.

Même bordure.

    H. 4 m. 25 c. — L. 5 m. 20 c.

A M. Jourdain.

301 IV. Les dieux découvrent les deux coupables.—
Même suite.

>   Utque celandum patuit cubile
>   Proditur stuprum, resonat cachinnus
>   Taliter prendi tacite ferebat
>   Pars bona divum.
>
>   Diligunt casti thalamos deles
>   Nec Venus defit soboli creande
>   Conjugi constans placet et modeste
>   Semper amando.

A gauche, un satyre ; plus loin, Jupiter brandissant la foudre
et Junon ; vers le milieu, Diane, Neptune et d'autres divinités ;
au fond, un palais dans lequel on aperçoit Vénus et Mars.
Même bordure.

>   H. 4 m. 30 c. — L. 6 m. 60 c.

A M. Jourdain.

302 V. Neptune et Cupidon intercédant pour Mars et
Vénus. — Même suite.

>   Ore Neptuni charites preca(n)tur
>   Vinculum solvat rogat et Cupido
>   Improbus conjunx (sic) precibus monetur
>   Liberat ambos.
>
>   Copulam pacis venera(n)tur omnes
>   Gratie vere redama(n)t amantis (amantes)
>   Et thorum fixum vacuant querela
>   Suspitionis.

Intérieur du palais de Vulcain. A droite, Vulcain assis sur son
trône, devant lui Cupidon et Neptune, à gauche, les Trois Grâces
tout éplorées, plus loin, emprisonnés dans le filet, Mars et
Vénus.
Même bordure. — Voir le nº 229.

>   H. 4 m. 20 c. — L. 6 m.

A M. Jourdain.

303 Les travaux d'Hercule. — I. Combat d'Hercule avec les Centaures.
Bruxelles.

Au premier plan un centaure renversé cherche à se couvrir de son bouclier ; au second plan, une caverne, à l'entrée de laquelle Hercule se présente devant les centaures rangés en bataille.

Bordure composée de fleurs, de fruits et d'oiseaux. — Dans la bande horizontale la marque et le monogramme suivants :

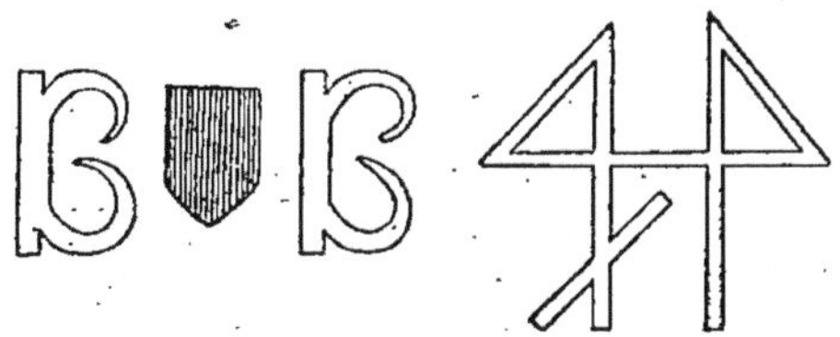

H. 4 m. — L. 3 m. 90 c.

Dans les comptes de la fabrique de tapisseries de Florence, est question, en 1565, d'une suite de l'histoire d'Hercule, d'après les cartons du Stradan. Il ne serait pas impossible qu'il y ait quelque rapport entre ces cartons et ceux qui ont servi à la pièce ci-dessus décrite et aux suivantes.

A M. le marquis Bourbon del Monte.

304 II. Hercule étouffant Antée. — Même suite.

Au premier plan Hercule, Antée et un guerrier qui assiste à a lutte en spectateur.

Au second plan, une troupe armée s'embarque sur un vaisseau ; au fond, un paysage avec une ville. — Même bordure que le numéro précédent.

Marques :

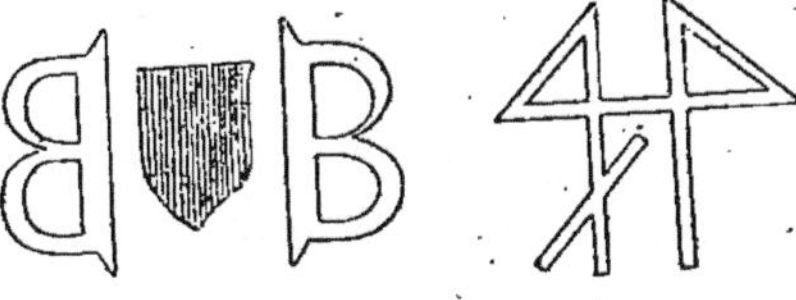

H. 4 m. -- L. 4 m. 55 c.
A M. le marquis Bourbon del Monte.

305 III. Diomède dévoré par ses chevaux. — Même suite.

A droite, Hercule appuyé sur une massue gigantesque garnie de pointes en fer; à gauche, Diomède étendu à terre au milieu de cinq chevaux; au fond, une bataille. — Même bordure que le numéro précédent.

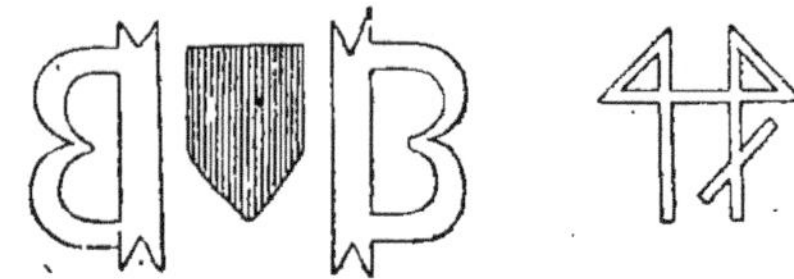

H. 4 m. — L. 5 m. 10 c.
A M. le marquis Bourbon del Monte.

306 IV. L'hydre de Lerne. — Même suite.

A gauche, Hercule abattant avec sa massue les têtes du monstre; à droite, Iolas cicatrisant ses blessures avec une torche; au fond, un paysage avec un autel autour duquel est rangée une troupe de guerriers. — Même bordure que le numéro précédent.

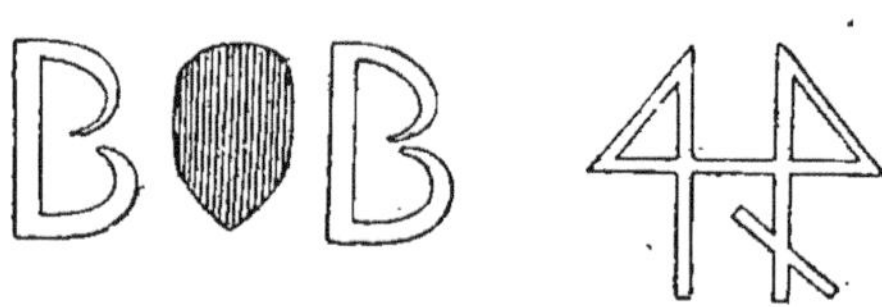

H. 4 m. -- L. 4 m. 60 c.
A M. le marquis Bourbon del Monte.

307 V. Hercule frappe de sa massue Cacus étendu à terre et vomissant des flammes. — Même suite.

Au fond, à gauche, différents autres exploits d'Hercule ; à droite, la caverne dans laquelle Cacus fait entrer à reculons les bœufs qu'il a volés.

Même bordure que les numéros précédents.

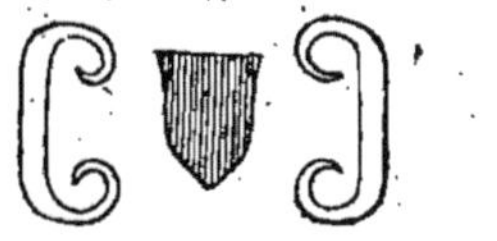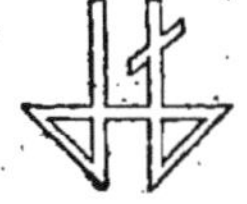

H. 4 m. — L. 5 m. 25 c.
A M. le marquis Bourbon del Monte.

308 Les travaux d'Hercule. — I. Hercule et Cerbère.

Flandres ?
Au centre, un médaillon dans lequel on voit Hercule luttant avec Cerbère ; des guirlandes de fruits et de fleurs servent d'encadrement à ce médaillon. Le champ resté libre est orné d'arabesques diverses : enfants, tritons avec leurs compagnes, etc. Au sommet du médaillon se trouve un dindon ; au-dessous, Diomède dévoré par ses chevaux. La bordure est composée de motifs fort variés, masques, armes, cuirasses, etc.
Laine et soie.

H. 3 m. 50 c. — L. 3 m. 90 c.
A M. E. Peyre.

309 Même suite. — II. Hercule et Cacus.

Combat d'Hercule et de Cacus. Au fond, l'antre dans leque Cacus fait entrer à reculons les bœufs dérobés à Hercule. — Au-dessous du médaillon, Hercule étendu sur le bûcher.
Au milieu des arabesques on remarque un centaure et une centauresse. — Même bordure.

H. 3 m. 55 c. — L. 4 m. 60.
A M. E. Peyre.

310 Même suite. — III. Hercule et Atlas.

Médaillon central : Atlas plaçant le monde sur les épaules d'Hercule. — Ornements composés de sphinx, d'enfants jouant. — Même bordure.

H. 3 m. 50 c. — L. 5 m. 10 c.

A M. E. Peyre.

311 Enfants vendangeurs.

Au centre, six enfants nus sous une treille supportée par des termes ; au milieu des pampres, on voit d'autres enfants cueillant le raisin. A gauche, deux des jeunes vendangeurs emportent un de leurs camarades, tandis qu'à droite un autre enfant cherche à réveiller son compagnon étendu à terre. Au fond, un paysage avec des maisons et des montagnes.

H. 2 m. 30 c. — L. 2 m. 80 c.

A M. E. Peyre.

312 Fragment d'une chasse.

Audenarde ? xvıᵉ siècle.

A gauche, au premier plan, un chevalier suivi d'un écuyer portant plusieurs pièces de gibier ; au fond, une dame à cheval franchissant un ruisseau.

Bordure de fruits et de fleurs sur fond jaune. — Dans la lisière, composée de plusieurs morceaux qui paraissent rapportés, se trouve la marque d'Audenarde. (Gravée page 206.)

Laine.

A M. le marquis Bourbon del Monte.

313 Tapisserie d'ornement.

Fin du xvıᵉ siècle.

Au centre, la Fortune tenant une écharpe et courant, un pied posé sur un globe. Des figures symboliques, des animaux, des grotesques garnissent le reste de la composition.

Des trophées forment la bordure.

Genre Etienne Delaulne.

H. 2 m. 30 c. — L. 1 m. 75 c.

A M. E. Peyre.

314 La femme adultère.

Fin du xvıᵉ siècle.

Dans le médaillon central, on voit le Christ traçant sur le sol ces mots : *die sonde;* devant lui se tient la coupable tout éplorée ; les accusateurs, dont quelques-uns portent le costume sacerdotal, complètent la scène. Le reste de la composition est occupé par des figures allégoriques, des oiseaux, des quadrupèdes, des fleurs et des fruits.

Laine et soie.

H. 2 m. 35 c. — L. 2 m. 10 c.

A M. Lévy.

315 Neptune.

Bruxelles. Fin du xvıᵉ siècle.

Au milieu d'arabesques composées de figures humaines, de divers animaux et de rinceaux, se détache, sur un fond bleu, Neptune tenant le trident, ayant un dauphin à sa gauche. Au-dessus de lui, un médaillon rond renferme un sujet représentant une femme casquée assise sur un lit; une autre femme s'agenouille devant elle en lui offrant une branche de laurier.

Bordure formée d'arabesques, d'enfants et d'animaux sur fond jaune. Aux quatre angles, des écussons d'argent à l'aigle de sable. Sur les quatre côtés ont été ménagés des cartouches rectangulaires rouges, restés sans inscription et sans ornement.

Laine et soie,

Marques : En bas, à gauche, dans la bande, deux B de chaque é l n é n sson; à droite, la marque suivante :

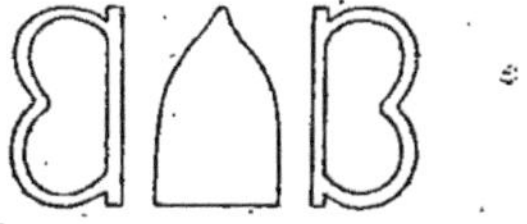 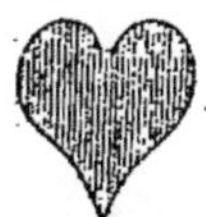 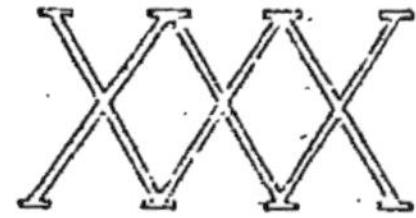

H. 4 m. L. 3 m.

Cette tapisserie fait partie d'une tenture dont on connaît trois autres pièces appartenant au même propriétaire.

A M. Gavet.

316 Scène militaire.

XVIIe siècle.
Un guerrier ou un roi, placé sous un baldaquin, tend la main
à un autre guerrier qui plie le genou devant lui.
Bordure de fleurs et fruits.
Laine et soie.

H. 3 m. 60. — L. 3 m. 10 c.

A M. Baldairoux.

317 Scène mythologique.

XVIIe siècle.
Un chasseur, armé d'un arc et d'un carquois rempli de
flèches, accourt de la gauche vers une jeune fille couronnée de
fleurs qui fait mine de se cacher la figure avec sa main.
Bordure composée d'une guirlande de fleurs sur fond brun.
Laine et soie.

H. 2 m. 85 c. — L. 3 m. 20 c.

A M. Félix Baldairoux.

318 La chasse.

Bruxelles.
A gauche, un vieillard portant sur ses épaules un cerf ; plus
loin, un jeune seigneur à cheval tenant un faucon ; à côté de
lui, plusieurs chiens. La scène est encadrée par deux colonnes
auxquelles sont suspendues diverses pièces de gibier, et qui supportent un entablement, au sommet duquel on voit deux enfants
ailés.

B. U. B.

H. 3 m. 75 c. — L. 3 m. 80 c.

A M. Braquenié.

319 La chasse au cerf. — I. Le départ.

Bruxelles.
A gauche, un piqueur tenant en laisse quatre chiens, plus

2.

loin, au second plan, un seigneur à cheval. Au fond, une cour
spacieuse avec différents personnages (1).

Bordure composée de fleurs qui s'échappent de cornes d'abondance placées dans les quatre angles ; on voit, en outre, au milieu de chaque bande verticale, une perruche blanche.

Marque de Bruxelles, avec le monogramme E. L. que M. Pinchart croit être celui d'Evrard Leyniers (né en 1597, mort en 1680).
On retrouve la même bordure avec les mêmes marques dans
les autres pièces de la série.

H. 3 m. 20 c. — L. 3 m.

A M. Delpech-Buytet, à Agen.

320 II. Le bien aller. — Même suite.

A gauche, deux chasseurs à cheval auxquels un piqueur vient
indiquer la direction prise par le cerf.

H. 3 m. 20 c. — L. 4 m.

A M. Delpech-Buytet.

321 III. Le cerf débusqué. — Même suite.

Les piqueurs retiennent leurs chiens prêts à s'élancer sur le
cerf ; l'un d'eux trébuche contre un arbre.

H. 3 m. 20 c. — L. 4 m.

A M. Delpech-Buytet.

322 IV. Le cerf à l'eau. — Même suite.

A gauche, on voit un des chasseurs faisant un signe à ceux
de ses compagnons qui sont placés de l'autre côté de l'eau.

H. 3 m. 20 c. — L. 2 m. 50 c.

A M. Delpech-Buytet.

323 V. La mort du cerf. — Même suite.

A droite, deux chasseurs debout regardent quatre de leurs
compagnons qui sont en train d'éventrer le cerf étendu à terre.
Au fond, un paysage.

(1) On croit reconnaitre, dans quelques-unes des figures de cette suite
des portraits de princes de la famille de Maximilien.

H. 3 m. 20 c. — L. 4 m.
A M. Delpech-Buytet.

324 VI. Le retour. — Même suite.

A gauche, au premier plan, deux hommes conduisant des chiens ; plus loin, on voit s'avancer une petite cavalcade, en tête de laquelle marche le cheval portant le cerf. Au fond, une chapelle gothique.

H. 3 m. 20 c. — L. 3 m.
A M. Delpech-Buytet.

325 Scènes rustiques, d'après Téniers.

XVIIᵉ siècle.

1º La danse.

H. 2 m. 85 c. — L. 2 m. 70 c.

2º Le repas.

H. 2 m. 85 c. — L. 2 m. 40 c.

3º Le jeu de quilles.

H. 2 m. 85 c. — L. 4 m. 15 c.

4º La traite des vaches.

H. 3 m. 05 c. — L. 3 m. 25 c.

5º Le rouet.

H. 3 m. 05 c. — L. 2 m. 40 c.

Les bordures des trois premières pièces sont formées de guirlandes de fleurs. Celles des deux autres, de feuilles jaunes imitant l'or sur fond bleu.
Laine et soie.
A M. le docteur Fraigniaud.

325 *bis* Couronnement d'une princesse.

Au milieu d'une assemblée de femmes et de seigneurs, un prince, avec un turban, pose une couronne sur la tête d'une princesse assise sur un trône (Esther ?). Au fond, des joueurs de trompes.

Bordure de fleurs et de fruits avec des personnages.
H. 2 m. 20 c. — L. 5 m.
A M. Félix Baldairoux.

326 Histoire du comte Guillaume Raymond de Moncade.

Bruxelles.
I. Le sujet est ainsi expliqué par une inscription tracée, comme les suivantes, dans la bande inférieure, au-dessous d'un écusson: *A Rege Martino seniore Hispaniam repetente fily regy ac regni salus illi commititur.*

Le roi, debout sur un perron, congédie le comte de Moncade qui s'apprête à partir. A gauche, des courtisans. Au fond, la mer.

Bordure composée d'emblèmes guerriers ; dans le haut se trouve cette inscription, répétée sur toutes les pièces de la série: *Guillelmus Raymundus Moncata hujus nominis III Augustæ comes.*

Marque de Bruxelles et signature d'*A. Auwercx*, également répétées sur les autres pièces.
A M. Bellenot.

327 II. *Reginam a catinensi arce detractam alio valida triremi transportat.* — Même suite.

La reine entre dans la chaloupe préparée pour elle ; le comte de Moncade lui donne la main pour l'aider à descendre. A gauche, des soldats, au fond, la mer, bordée par une montagne.

Bordure formée de poissons et d'animaux marins.
A M. Bellenot.

328 III. *Martino regi expeditionem siculam meditanti proprio ære copias suppeditat.* — Même suite.

A gauche, le comte de Moncade, armé de pied en cap, montre au roi, placé à l'entrée de sa tente et entouré de ses gardes, les troupes qu'il vient d'équiper à ses frais ; à droite, au fond, la mer.

Bordure formée de drapeaux, de tambours, d'armes diverses, avec des fleurs dans la bande supérieure.
A M. Bellenot.

329 IV. *Cerbellionis ac Sti Vincenti baro in Cathalonia a Martino rege creatur.* — Même suite.

A droite, le roi montrant au comte de Moncade les domaines dont il lui donne l'investiture. A gauche, au premier plan, deux gentilshommes.

Bordure de fleurs et de fruits avec des perroquets, des singes, etc., etc.

A M. Bellenot.

330 Histoire d'Alexandre. — I. Passage du Granique.

Bruxelles.

Alexander superato Granico Persas imparibus copiis aggreditur eorumque innumerabilem exercitum fundit.

Au premier plan, une rivière dans laquelle se débattent des cavaliers et des fantassins; plus loin, au centre, une mêlée de cavalerie.

Bordure en forme de cadre.

D'après les cartons de Le Brun.

Signée B U B et Joannes Franciscus Vandenhecke.

331 II. Entrée triomphale d'Alexandre à Babylone. — Même suite.

Alexander Babilonem sibi dediam triumphali curru sublimis inter civium acclamationes et concentus ingreditur.

Au premier plan, à droite, deux hommes à moitié nus portent un vase précieux; à gauche, on aperçoit un groupe de femmes et des musiciens. Au second plan, Alexandre monté sur un char traîné par deux éléphants.

B U B.

332 III. Entrevue d'Alexandre et de Porus. — Même suite.

Pori regis victi captique magnanimitatem non misericordia modo sed honore prosequitur Alexander illumque in amicorum numerum recipit, mox donat ampliore regno.

A gauche, Porus porté par deux soldats devant Alexandre, qui le reçoit sans descendre de cheval ; plus loin, un char et des soldats ; à l'extrême droite, une statue d'Hercule. Au fond, un paysage dans lequel sont dressées les tentes du camp.

B U B. — I. F. Vandenhecke.

333 Panneaux d'ornement.

XVIIIe siècle.

Six panneaux décorés de grandes colonnes doriques, autour desquelles sont enroulées des guirlandes de fleurs. Du haut de la corniche, entre les colonnes, pendent deux guirlandes de fleurs entre lesquelles sont suspendus à des rubans rouges des bouquets de fleurs mélangés à des oiseaux, des vases, des instruments de musique ou de sciences, etc. En bas, entre les colonnes, on aperçoit un paysage animé par divers animaux, des singes, des chiens, des oiseaux, des chèvres, etc., le tout entremêlé de roses trémières et de fruits.

Fond blanc.

Laine et soie.

H. 3 m. 40 c. — L. 4 m. 20 c.
— 5 m. 25 c.
— 2 m. 60
— 0 m. 90 c.
— 1 m. 25 c.
— 1 m. 20 c.

A M. Félix Baldairoux.

334 Scène rustique.

XVIIIe siècle.

Sur le bord d'une rivière traversée par de grands navires et au milieu de laquelle on aperçoit un rocher escarpé surmonté d'une ville, divers personnages sont occupés à causer, à décharger des paquets ; l'un d'eux vient de prendre un poisson à la ligne.

Sans bordure.

H. 2 m. 90 c. L. 4 m. 20 c.
A MM. E. Labitte et Bouet.

334 *bis.* Scène guerrière.

Des femmes s'agenouillent devant un général à cheval derrière lequel on aperçoit toute une armée. Fond de montagnes.

Bordure de fleurs rapportée.

H. 2 m. 80 c. L. 4 m. 60 c.

A M. Félix Baldairoux.

ALLEMAGNE

335 L'Annonciation. — Le Christ descendu de croix. — La Nativité.

Allemagne? xivᵉ siècle.

Tapisserie en forme de frise.

A gauche la Vierge agenouillée devant un pupitre supportant un livre, en face d'elle l'ange Gabriel prononçant ces mots tracés sur une banderolle : *Ave Maria plena dominus.* Dans les airs apparaît le Père Eternel ainsi qu'un enfant qui se dirige vers la Vierge. Dans l'angle de gauche, à côté d'un écusson, se trouve le donateur égrenant son chapelet.

Au centre Joseph d'Arimathie soutient le corps du Christ qui est nu jusqu'à la ceinture et couvert de plaies. La Vierge et saint Jean baisent ses mains sanglantes. A leurs côtés deux anges portent les instruments du supplice. Sur un écusson placé près d'eux sont figurés Judas embrassant son maître, un agneau portant la croix, etc.

A droite on aperçoit la Vierge adorant l'Enfant Jésus étendu à terre et entouré d'une auréole, près d'elle une figure microscopique représentant peut-être un des bergers, au fond l'étable avec l'âne et le bœuf. Dans l'angle de droite enfin on voit une femme agenouillée à côté d'un écusson.

Les figures principales de cette tapisserie sont nimbées à l'exception de l'ange Gabriel. Elles se détachent sur un fond d'un bleu noirâtre; le sol est parsemé de fleurs.

H. 0 m. 90 c. — L. 2 m. 80 c.

A M. de Schickler.

336 Scènes d'un roman de Chevalerie.

Allemagne du Sud (1). — Milieu du xve siècle.
Tapisserie en forme de frise.

La composition est divisée en six compartiments; des vers
tracés sur des banderolles, en caractères gothiques d'une lec-
ture fort difficile, contiennent les paroles prononcées par les
principaux personnages. Voici quelles sont les scènes, en commençant par la gauche : a. Un jeune prince à cheval, suivi de
deux écuyers, s'avance vers un château sous la porte duquel se
tiennent un roi et sa fille (2). Le roi adresse à l'étranger ce souhait
de bienvenue :

> *Bisz Gott wilkum dusnt Stunt*
> *Grœsser Froyd wart uns nie kunt.*

b. Intérieur du château, le prince s'entretient avec ses
écuyers :

> *Herre ich wil mich des genieten*
> *Un............ dein gebieten.*
> *Frumer dienr bestelle mir*
> *Dri Ros ein Geige ist mein Lewer.*

c. Préparatifs de départ.

> *Geige und Rosz sint bereit*
> *Als mir uger Genad het geseit.*

d. Retour du prince. Il s'avance à cheval vers le château,

(1) Attribution du docteur Rock, dans son livre intitulé : *South Kensington
Museum. Textile Fabrics.* Londres, 1870, p. 298. — Le Musée national
allemand de Nuremberg possède deux douzaines de petites tapisseries
semblables à celle-ci et dont les inscriptions sont en dialecte de la
Haute Allemagne, où l'on suppose qu'elles ont été fabriquées. Plusieurs
couvents de nonnes possédèrent des ateliers. Celui de Lune, près de
Luneberg, conserve encore les tentures qui y furent tissées. Au Musée
de Bamberg, on voit une tapisserie de la Passion qui représente une re-
ligieuse, la donatrice, assise devant son métier. — Renseignements
fournis à M. Darcel par M. Essenwein, directeur du Musée national ger-
manique de Nuremberg.

(2) Le teint de cette dernière est blanc, dans les différentes scènes de
la pièce, tandis que celui des hommes est toujours noirâtre.

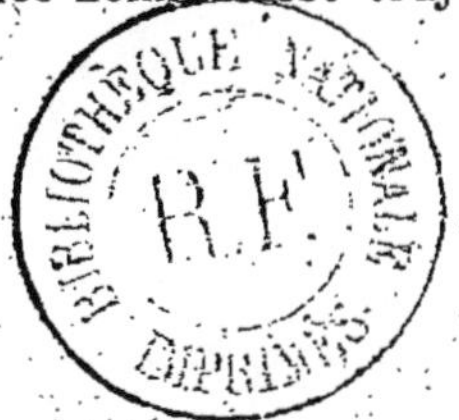